Josef Seuffert

Gesang hinter Stacheldraht

Domkapitular em. Prälat Josef Seuffert im Sommer 2015 mit seinem in Kriegsgefangenschaft gewebten Schal

Josef Seuffert

Gesang hinter Stacheldraht

Erinnerungen
an das Priesterseminar für Kriegsgefangene
in Orléans und Chartres 1945–1947

Mit einem Geleitwort von
Karl Kardinal Lehmann

Publikationen Bistum Mainz

Mainz 2015

Mainzer Perspektiven
aus der Geschichte des Bistums 8
hg. von Barbara Nichtweiß

Nachweis der Fotos:

Josef Seuffert:
Umschlagvorderseite (Blick auf Chartres)
S. 57, 59, 63, 69

Barbara Nichtweiß:
S. 2, 6, 15 unten

Besitz Josef Seuffert/Fotograf unbekannt:
S. 15 oben, 71, 91

Mit freundichem Dank an das Franz-Stock-Komitee:
Umschlagrückseite (Gottesdienst im Stacheldrahtseminar),
S. 69

Redaktion und Gestaltung:
Barbara Nichtweiß

Mitarbeit:
Gabriela Hart

ISSN 1434-2774
ISBN 978-3-934450-63-9

Mainz 2015

Inhalt

Domkapitular Josef Seuffert Mitte der 1990er Jahre als Leiter des Seelsorgeamtes Mainz

Zum Geleit

Manchmal werden Träume und Visionen wahr. Dies gilt sogar für Friedensverheißungen mitten im Krieg. In der Tat gab es solche gewiss kleinen und mehr oder weniger verborgenen Begebenheiten auch in den schlimmen Weltkriegen des vergangenen Jahrhunderts. Ein Beispiel ist der Aufruf zur französisch-deutschen Versöhnung, aus der dann die katholische Friedensbewegung „Pax Christi" im Frühjahr 1945 hervorging, die bis heute große Früchte getragen hat. Ein anderes Beispiel ist das „Stacheldrahtseminar" in Orléans und Chartres 1945 bis 1947: Deutsche Kriegsgefangene, die Priester werden wollten, bekamen die Gelegenheit, in einem regelrechten Priesterseminar ihre Studien fortzusetzen. Einige wurden im Lager auch zu Priestern geweiht.

Die Geschichte ist schon lange bekannt und erstaunlich gut erforscht. Dies hängt sicher auch mit den fördernden Persönlichkeiten von damals zusammen, darunter der damalige Apostolische Nuntius in Frankreich, Angelo Roncalli, der heilige Papst Johannes XXIII. Eine ganz besondere Wertschätzung galt schon damals dem Regens des Stacheldrahtseminars, Abbé Franz Stock, Priester der Erzdiözese Paderborn, vormals Seelsorger der deutschen Auslandsgemeinde in Paris. Ihm fiel seinerzeit als Seelsorger an den Wehrmachtsgefängnissen auch die schwere Aufgabe zu, zum Tode verurteilten politischen Häftlingen und Deserteuren in ihren letzten Stunden beizustehen, wobei er heimlich Kontakt zu ihren Familien herstellte. Er gilt als einer der Wegbereiter der französisch-deutschen Aussöhnung. Das Seligsprechungsverfahren in Rom soll auf einem guten Weg sein.

Zu den wenigen ehemaligen Gefangenen, die Abbé Stock in Orléans und Chartres begegnet sind und die heute noch leben, gehört der Mainzer Priester Josef Seuffert. Er wurde am 1. Juni 1926 in Steinheim am Main – auch der Geburtsort von Hermann Kardinal Volk – geboren. 1944 geriet er im Elsass in amerikanische Kriegsgefangenenschaft, wurde dann den Franzosen übergeben und kam über Orléans schließlich in das Stacheldrahtseminar von Chartres, bis dieses Ende Mai 1947 aufgelöst wurde. 1951 wurde er zum Priester geweiht. Er ist später über sein Heimatbistum hinaus bekannt geworden durch seine aktive Beteiligung am Aufbau der Jugendseelsorge, durch seinen hohen Einsatz für das Entstehen des ersten deutschen Einheitsgesangbuches „Gotteslob" und für seine eigenen Beiträge zum religiösen Liedgut. Er war von 1975 bis zu seiner Pensionierung 1996 Leiter des Seelsorgeamtes in Mainz.

Wir sind dankbar für diesen großen Lebenseinsatz und nun auch besonders dafür, dass er den vielfachen Aufforderungen zur Niederschrift seiner Erfahrungen in Kriegsgefangenschaft noch nachgekommen ist. Das vorliegende Bändchen „Gesang hinter Stacheldraht“ erweist noch einmal seine früh in Erscheinung getretene Kunst der lebendigen Erzählung (vgl. das folgende Vorwort). Von Herzen wünsche ich Domkapitular em. Prälat Josef Seuffert mit Gottes Segen alles Gute in seinem 90. Lebensjahr!

Mainz, 29. September 2015,
am Fest der hl. Erzengel Michael, Gabriel und Raphael

Karl Kardinal Lehmann
Bischof von Mainz

Vorwort

Im Religionsunterricht, den er als junger Kaplan erteilte, habe er seine Schulklassen zu größerer Aufmerksamkeit mit dem Versprechen motiviert, am Ende der Stunde etwas von seinen Erlebnissen während der NS-Zeit und als Soldat zu erzählen, berichtet Prälat Josef Seuffert heute. Die auf diese Weise immer wieder memorierten Episoden erschienen 1962 und 1964 in seinen ersten, mittlerweile längst vergriffenen Jugendbüchern als Erfahrungen eines Jungen namens Franz: „Franz und Adolf. Ein Junge erlebt die Nazizeit 1933 bis 1943" und „Franz muß in den Krieg. Ein Junge in Hitlers Armee". Zur Publikation der geplanten Fortsetzungen, die die Zeit der Gefangenschaft und die Kaplansjahre behandeln sollten, ist es seinerzeit nicht mehr gekommen; andere, wichtigere Aufgaben nahmen Josef Seuffert in Anspruch.

Erst jetzt, mehr als sechzig Jahre nach Kriegsende, konnte Prälat Seuffert seine Erinnerungen an die Kriegsgefangenschaft für die Drucklegung bearbeiten, nun in autobiographischer Form, aber noch immer in jenem leicht lesbaren und prägnanten Erzählstil, der den „Franz"-Büchern eigen ist.

Über das sogenannte „Stacheldrahtseminar" in Orléans und Chartres sowie über seinen Regens Abbé Franz Stock, dessen Seligsprechungsverfahren läuft, ist inzwischen viel geforscht und publiziert worden (vgl. die weiterführende Literatur S. 95). Josef Seuffert will mit seinen Erinnerungen nicht mit diesen z.T. umfangreichen und bebilderten Werken konkurrieren oder wiederholen, was dort bereits ausführlicher dargelegt worden ist. Vielmehr konzentriert er sich auf seine ganz persönlichen Erfahrungen und Erinnerungen, die das Gesamtbild um einige Nuancen bereichern können.

Von den Seminaristen, die aus der Region des Bistums Mainz in Chartres gefangen waren, sind außer Josef Seuffert noch sieben andere als Priester in den Dienst des Bistums getreten: Wilhelm Adam (1921–2006; geweiht 1961); Heinz Becker (1926–2012; geweiht 1956); Ernst-Ludwig Beier (1916–1998; geweiht 1948); Hubert Bittorf (1926–2005; geweiht 1953); Anton Kalteyer (1927–2015; geweiht 1951); Peter Kratz (1919–1996; geweiht 1947); Freiherr Edmund Gedult von Jungenfeld (1922–2009; geweiht 1951). Ein anderer, Joseph Maria Fischer (1909–1959; geweiht 1938), war bereits Priester, als er in Gefangenschaft geriet. Pars pro toto stehen die Erinnerungen von Josef Seuffert also für eine ganze Gruppe von Seelsorgern, die das pastorale Leben im Bistum Mainz (wie auch in anderen Diözesen und überdiözesanen Einrichtungen) über mehrere Jahrzehnte mitgeprägt haben. Gerade jetzt, wo kaum noch Zeugen der damaligen Zeit am Leben sind, ist es gut, jene harten und grausamen, aber auch spirituell reichen Jahre in Erinnerungen wie den vorliegenden für jüngere Generationen zu bewahren und neu zugänglich zu machen.

Dr. Barbara Nichtweiß

Josef Seuffert

Gesang hinter Stacheldraht

Erinnerungen
an das Priesterseminar für Kriegsgefangene
in Orléans und Chartres 1945–1947

I. Im Elsass und in den Vogesen

Der 12. Dezember 1944

Mit erhobenen Armen gehe ich auf die alte Stadtmauer von Riquewihr im Elsass zu. Drei amerikanische Soldaten stehen davor. In meiner rechten Hand schwinge ich ein kleines weißes Handtuch. Als ich die Soldaten erreiche, sagen sie kein Wort. Der eine greift in meine Pistolentasche, der andere an mein linkes Handgelenk und der Dritte an die Seite meines Uniformrocks. Aber sie finden weder eine Pistole, noch eine Uhr, noch eine Kriegsauszeichnung. Sie sind sichtlich enttäuscht, und ich bekomme Angst, dass sie mir etwas antun. Ich sage: „Kamerad wounded!", und deute rechts hinter mich. Dort liegt einer aus meiner Kompanie schwer verwundet. Um ihn zu retten, gehe ich in Kriegsgefangenschaft. Einer der drei sagt: „Yes, yes", mehr nicht!

Ich darf meine Hände herunternehmen, sie packen mich an den Armen und führen mich als Siegestrophäe zum alten Stadttor. Später erfahre ich, dass ich offenbar der einzige deutsche Kriegsgefangene dieses fürchterlichen Gefechtes bin.

In der alten elsässischen Stadt sind nur einige Menschen auf der Straße. Die mich sehen, fangen an zu schimpfen, auf Französisch, aber auch auf Deutsch. Die Soldaten beeilen sich und führen mich in eine kleine Seitenstraße und dort in ein Hotel, das offenbar ihr Quartier ist.

Ich werde einem Vorgesetzten übergeben, offenbar ein Unteroffizier, der sofort versucht, mich zu verhören. Ich sage immer wieder:

„Kamerad wounded!“, aber er will wissen, wie viel Soldaten meine Kompanie hatte. Ich sage: „seven“. Er wird böse und bedroht mich. Ich wiederhole noch ängstlicher: „seven“. Er holt aus, um mich zu schlagen, da rufe ich: „seven hundred!“ Er tobt, geht weg und kommt wieder mit einem großen Küchenmesser. Und wieder will er wissen, wie stark die Kompanie war. Ich rufe ganz laut: „seven thousand!“ Einige amerikanische Soldaten lachen, aber der Unteroffizier tut mir nichts.

Zwei Soldaten führen mich dann ab durch das Städtchen zu einem Offizier, der Deutsch versteht. Unterwegs werde ich immer wieder angepöbelt. Jetzt sind mehr Einwohner aus ihren Kellern auf die Straße gekommen. Der Offizier fragt mich ebenfalls nach der Stärke meiner Truppe und dem Namen meines Chefs. Ich antworte, das könne ich ihm nicht sagen, weil ich meine Kameraden nicht in Gefahr bringen will. Dann werden meine Taschen geleert. Kriegsfotos und mein Messer werden mir abgenommen. Ich muss Auskunft geben, was die Fotos darstellen. Der Offizier verspricht mir, den Verwundeten holen zu lassen. Bis heute weiß ich nicht, ob das geschehen ist. Dann bringen mich zwei Soldaten in eine überhitzte Bude zu zwei anderen „Amis“. Dort darf ich mich setzen. Die Wärme tut mir gut, denn meine Uniform ist völlig durchnässt. Es ist Mitte Dezember. Da ich zwei Nächte nicht geschlafen habe, nicke ich nach wenigen Minuten ein und kippe mit dem Kopf gegen den heißen Ofen. Aber die beiden fangen mich auf, und ich habe nur eine kleine Schramme an der Schläfe.

Meine Bewacher holen alles aus meinen Taschen, geben mir aber das Neue Testament, den Rosenkranz und das Taschentuch zurück. Leider nehmen sie mir den letzten Brief meines Freundes aus Stalingrad ab und alle Fotos von der Familie und der Jugendgruppe.

Inzwischen ist es dunkel geworden. Ich schlafe wieder ein. Als mich die beiden wecken, weiß ich nicht, wie viel Uhr es ist. Ich werde in einen Jeep verfrachtet. Wir fahren mit abgeblendetem Licht durch Weinberge und Dörfer, offenbar entlang des Vogesenhangs nach Norden. Es ist noch Nacht, als wir an einem größeren Ort ankommen; ich werde in einen Keller geführt. Dort sitzen schon ein paar dutzend deutsche Soldaten, und ich kenne keinen und keiner kennt mich. Ich setze mich auf den Boden und fange nun zum ersten Mal an, über meine Lage nachzudenken. Am meisten bedrückt mich, dass ich völlig allein bin. Bisher war ich immer unter Menschen, die mich kennen. Ich muss ein ziemlich trauriges

Gesicht gemacht haben, denn zwei Soldaten kommen zu mir. Der eine fragt mich: „Warum bist du so traurig?“ Ich sage: „Ich kenne hier überhaupt keinen Menschen.“ Da sagt er: „Dat kann sich ändere. Wie heißt du?“ Ich antworte: „Seppl.“ Er sagt: „Ach Jott, ich bin uss Kölle, ich nenn dich Jupp.“

Dieses kurze Gespräch bringt mir viel Lebensmut, und seit dieser Zeit nennen mich alle Jupp. Wenn mich einer Seppl nennt, weiß ich, dass ich ihn vor der Kriegsgefangenschaft kennengelernt habe.

Nach Markirch (Sainte-Marie-aux-Mines) zu den Franzosen

Die Nacht verbringen wir im Keller und dösen vor uns hin. Zwischendrin kommen wir auch auf die Zukunft zu sprechen. Die beiden Kölner meinen, wir kämen bald nach Amerika und dort ginge es uns einigermaßen gut.

Am nächsten Morgen werden wir aufgefordert, den Keller zu verlassen. Wir müssen einen Lastwagen besteigen. Er ist ohne Verdeck. Oben stehen schon zwei Soldaten mit Gewehren, und mit Schrecken erkennen wir, dass es Franzosen sind. Und dann bekommen wir es auch gesagt: Wir sind an die französische Armee übergeben worden. Das ist eine schlimme Nachricht.

Der Lastwagen setzt sich in Bewegung, und wir fahren eine Landstraße entlang ins Gebirge. Wenn wir unterwegs durch Dörfer kommen, werden wir lauthals beschimpft. Manche heben Steine auf, aber wegen der Wachposten werfen sie sie nicht. Schließlich kommen wir in eine größere Ortschaft. Einer sagt: „Das ist Markirch, da war ich noch vor einigen Tagen.“

Der Lastwagen biegt in ein größeres Anwesen ein. Das Hauptgebäude sieht aus wie ein Schloss. In einem parkartigen Gelände hält der Wagen an. Wir müssen aussteigen und werden in ein Gewächshaus aus Glas geführt. Das Gewächshaus ist voller Gerümpel, keine einzige Pflanze ist zu sehen. Die Türe schließt sich, und wir versuchen mit der Situation zurechtzukommen. Wir sind ungefähr vierzig Leute.

Ich stehe in einer Ecke und schaue mir die Gegenstände genauer an. Offenbar waren hier vorher Soldaten untergebracht. Ich sehe eine zerrissene braune Wolldecke und einen Tuchrest, der weiß und fest gewebt ist. Einer sagt zu mir: „Das ist ein Stück Fallschirm.“ Und dann sehe ich einen Stapel von fünf großen Büchern, ich nehme eines in die Hand und setze mich auf die anderen. Ich schlage das Buch auf und entdecke: Das ist ein großer Katalog mit Wollmustern.

Inzwischen öffnet sich die Tür, und ein französischer Wachsoldat bringt uns eine Kanne Wasser; das Erste, was wir zu trinken bekommen, seit wir in Gefangenschaft sind. Ein Feldwebel übernimmt die Verteilung des Wassers auf vierzig Leute.

Ich sitze auf meinen vier Musterbüchern und habe trübe Gedanken. Da diese Gedanken ausweglos sind, sage ich mir: Du musst dich ablenken, damit du nicht allen Mut verlierst.

Es ist kalt, und ich friere. Um mich herum ist Wolle in vielen Musterfäden, und mir kommt der Gedanke: Mach dir einen Schal, damit du deinen Hals wärmen kannst. Diesen Plan führe ich dann aus. Die Musterfäden sind alle zu fein, und so ziehe ich aus der braunen Wolldecke und aus dem Fallschirmrest Fäden. Ich entdecke in einer Ecke einen kaputten blauen Wollpullover, aus dem ich ebenfalls Fäden ziehe. Ein Stück Blech dient mir dazu, Kerben mit zwei Millimeter Abstand in ein Stück harten Karton zu schneiden und darin die Kettfäden zu befestigen. Nach mühsamer Arbeit habe ich etwa sieben Zentimeter Breite. Die Kettfäden sind abwechselnd braun, blau und weiß, und nun fange ich an, mit Fäden in den gleichen Farben zu weben. Es ist eine sehr umständliche Arbeit, weil ich keinen Webstuhl habe und jeden Faden drunter- und drüberziehen muss.

Am Ende habe ich nach vielen Stunden gegen Abend einen schmalen Schal von einem Meter Länge. Was aber wichtiger ist: Ich bin nicht mehr so ängstlich und hoffnungslos.

Nach Einbruch der Dunkelheit erscheint ein französischer Offizier und befiehlt uns, ihm zu folgen. Wir werden in einen großen Schuppen auf demselben Grundstück geführt. Auf dem Boden liegt Stroh und teilweise auch Wolle; dort sollen wir die Nacht verbringen. Nach uns werden noch weitere Gruppen von Kriegsgefangenen hereingeführt. Am Ende sind wir ca. hundert Mann.

Der nächste Tag

Dass wir so viele sind, hat sein Gutes. Die Dezembernacht in den Vogesen ist sehr kalt. Aber wir liegen eng beieinander und frieren nicht. Meine Uniform ist immer noch feucht.

Am nächsten Morgen, bei Tagesanbruch, gibt es Bewegung am Eingang, und es heißt: „Zwanzig Mann für ein Arbeitskommando!“

Oben: Josef Seuffert 1944
Unten: Der in Gefangenschaft selbstgewobene Schal,
das Soldbuch und das Neue Testament

Die sind schnell gefunden, aber ich bin nicht dabei. Kurze Zeit später werden wieder zwanzig Mann gesucht, ich dränge mich vor und werde tatsächlich von dem französischen Unteroffizier ausgesucht.

Kurze Zeit darauf bereue ich mein Vordrängen, denn ich muss in das schlossartige Gebäude, um die dortigen Toiletten zu reinigen. Die sind total verschmutzt, und ich muss mich fast übergeben.

Nach etwa zwei Stunden werde ich mit derselben Gruppe in eine Barackenunterkunft geführt, in der offenbar französische Soldaten untergebracht sind. In einem Raum, der voller Kartoffelsäcke ist, sollen wir Kartoffeln schälen. Ich sitze auf einem Kartoffelsack, habe ein Messer aus der Soldatenküche in der Hand und schäle unter Beobachtung von französischen Soldaten Kartoffeln.

Da ich ziemlich weit entfernt von der Kartoffelkiste sitze, greife ich nach einiger Zeit unter mich, um aus dem Sack, auf dem ich sitze, Kartoffeln zu holen. Aber da habe ich einen Apfel in der Hand. Da ich tagelang nichts gegessen habe, beiße ich sofort hinein und genieße diese erste Mahlzeit in der Kriegsgefangenschaft. Dabei bedecke ich mit meiner Hand den Apfel. Ein französischer Wachsoldat sieht mich essen, er lacht über das ganze Gesicht und schreit: „Das deutsche Schwein frisst rohe Kartoffeln." Die etwa zehn Franzosen im Raum schauen mich an und lachen auch. Und ich esse weiter und traue mich sogar noch einen zweiten Apfel zu essen.

Natürlich muss ich dann weiter Kartoffeln schälen.

Nach der Arbeit müssen wir wieder zurück in das große Gartengebäude. In einem Zwischenraum zwischen den Kartoffeln und dem Ausgang steht ein großes Gefäß gefüllt mit einer braunen Flüssigkeit und eine Blechtasse daneben. Ich denke, es ist Kaffee. Da gerade kein Franzose in der Nähe ist, nehme ich die Blechtasse, schöpfe aus dem Gefäß und stürze die Flüssigkeit schnell hinunter. Aber es ist kein Kaffee, sondern bester französischer Cognac. Mir kommen sofort die Tränen, aber ich muss auch wieder lachen.

In unserem Gartengebäude vergeht der Nachmittag langsam, und zweimal gibt es einen Becher Wasser. Und es beginnt die dritte Nacht in der Kriegsgefangenschaft.

Sekunden retten das Leben

Am nächsten Morgen, es ist noch stockdunkel, etwa um 6.00 Uhr, geht die Tür auf und dann heißt es: „Zwanzig Leute raustreten!" Ich dränge mich wegen der Erlebnisse am Tag zuvor zum Eingang und gehöre zu den zwanzig.

Wir steigen auf einen Lastwagen und fahren durch die menschenleeren Straßen in Richtung Norden. Nach einiger Zeit biegt der Lastwagen ab und hält nach etwa einhundert Metern. Wir müssen aussteigen, und plötzlich tauchen neben den beiden Wachposten, die uns begleiten, noch weitere Soldaten auf. Ein Feuer wird entzündet, und wir sehen, dass wir in einem Steinbruch sind. Wir müssen uns vor eine Wand stellen, und dann sehe ich, dass zwei Maschinengewehre aufgestellt werden, die sich auf uns richten.

Von der Straße kommen noch weitere Lastwagen, es sind die anderen Gefangenen aus unserer Unterkunft, sie müssen sich hinter den Maschinengewehren aufstellen.

Ein französischer Unteroffizier tritt vor und verkündet: „Heute Nacht sind zwei Offiziere aus der Kriegsgefangenschaft geflohen. Zur Strafe dafür werden zwanzig von euch erschossen."

Ich reagiere ganz eigenartig, ohne Panik. Ich sehe vor mir unser Haus, in dem ich geboren wurde und aufgewachsen bin, vom Hof aus, in dem wir gespielt haben. Ich sehe meine Eltern, meine Geschwister, Tante, Onkel, Cousinen und Vettern. Gleichzeitig sehe ich unsere Kirche mit dem Pfarrhaus, unseren Pfarrer, meine Altersgenossen und die Pfarrschwester. Und ich nehme von allen Abschied, und das ohne Angst. Das Ganze dauert nur wenige Sekunden. Gleichzeitig sehe ich zwei Dinge: Der Unteroffizier hebt die Hand, um das Zeichen zum Schießen zu geben, und links von mir taucht das Licht einer starken Taschenlampe von der Straße her auf. Das sieht auch der Unteroffizier und zögert. Zwei Soldaten kommen, der eine ist offensichtlich ein Offizier. Er spricht den Unteroffizier an, und der gibt auf Französisch Auskunft. Der Offizier erwidert ziemlich laut und bestimmt. Ich verstehe, dass er von der Genfer Konvention spricht.

Am Ende des Disputs sagt der Unteroffizier: „Wir lassen noch einmal Gnade vor Recht ergehen, besteigt eure Wagen."

Ich bin noch wie im Traum, aber mir ist klar, dass ich in diesen Minuten einige Jahre älter geworden bin. Keiner von uns kann weinen oder jubeln oder sonst eine Emotion zeigen. Wir steigen, als wäre nichts geschehen, auf den Lastwagen.

Die Lastwagen fahren nicht zurück nach Markirch, sondern nach Westen ins Gebirge. Nach einigen Stunden wird es hell, wir erkennen einige Dörfer, über die offenbar der Krieg vor kurzer

Zeit hinweggegangen ist. Überall erkennt man Anzeichen, dass die Amerikaner da waren.

Die Fahrt durch das Gebirge will kein Ende nehmen. Es geht dann meistens bergab, und schließlich landen wir in Remiremont an der Mosel, im Südwesten der Vogesen. Wir fahren durch die Stadt auf einen Kasernenhof, der durch Kriegseinwirkung halb zerstört ist. Dort müssen wir aussteigen und werden in ein Haus mit Steinboden und ohne ein einziges Möbelstück geführt. Die Fenster sind zerbrochen. Dort sollen wir die Nacht verbringen. Es wird bald dunkel, und uns bleibt nichts anderes übrig, als in den zugigen Räumen auf dem Steinboden stehend auszuharren, bis die kalte Dezembernacht vorüber ist.

Der Marokkaner

Es dauert ewig, bis es hell wird. Ich friere am ganzen Körper. Im Morgengrauen heißt es endlich: „Heraustreten!“ Wir müssen in Dreierreihen antreten, wie beim Militär. Ein französischer Offizier, wohl ein Hauptmann, kommt und hält eine Rede auf Französisch. Einige von uns verstehen es und geben den Inhalt weiter. Er sagt, da wir die ersten Gefangenen in Remiremont seien, müssten wir einen Blutzoll leisten. Jeder Zehnte solle erschossen werden. Und dann geht er durch die Reihen und sucht die zehn Todeskandidaten aus. Es sind schreckliche Minuten. Es trifft auch einen, der neben mir steht. Er trägt eine Uniform in Tarnfarbe. Der Offizier sagt zu ihm: „Du SS!“ Alle wissen, dass das nicht stimmt, aber das nützt meinem Nachbarn nichts, er ist achtzehn Jahre alt, wie ich.

Die zehn werden abgeführt, und kurze Zeit danach hören wir die Schüsse des Erschießungskommandos. Ich bin, wie wahrscheinlich alle anderen, am Ende meiner Kräfte. Kann man noch Hoffnung haben, das zu überleben?

Es folgt eine Untersuchung und eine Art Registrierung. Ich werde von einem nordafrikanischen Soldaten „behandelt“. Er leert mir alle Taschen. Zu meinem Schrecken zieht er aus der linken hinteren Tasche meiner Uniformhose ein Kästchen mit Pistolenmunition heraus. Die Amerikaner hatten es nicht gefunden, und weil alles so klamm und feucht war, hatte ich es ebenfalls nicht bemerkt. Der Soldat will mich auf die Seite schicken, was wahrscheinlich meinen Tod bedeutet hätte. Da habe ich eine Eingebung: Ich reiße das Kreuz von meinem Rosenkranz, der auf dem Tisch liegt, und gebe es dem Soldaten. Ein Lächeln geht über sein Gesicht, er steckt das Kreuz ein und gibt mir den Rest des Rosenkranzes, das Neue Testament und mein Notizbuch zurück. Das Soldbuch behält er. (Erstaunlicherweise bekomme ich dieses Soldbuch zweieinhalb Jahre später bei meiner Entlassung zurück.)

Nun werde ich mit einer Gruppe von zwanzig Gefangenen auf einen großen Hof geführt, und es ist klar, wir sind auf einem Kasernengelände und amerikanische Soldaten haben hier tagelang gehaust. Alles ist voll von Überresten dieser Zeit. Wir sollen den Platz säubern.

Ich nehme mir einen Karton, der herumliegt, und fange an, leere Büchsen und Schachteln einzusammeln. Sie enthielten offenbar Verpflegung für die Soldaten. Plötzlich steht vor mir ein Unteroffizier, ein kleiner Marokkaner. Er grinst mich an; sein Gebiss ist fast zerstört, einige schwarze Zahnstümpfe sind noch zu sehen. In mir erwacht neu die Angst. Er deutet auf eine leere Büchse, die ich aufheben soll, dann auf die nächste und wieder eine andere. Bald fällt mir auf, dass er mich durch dieses Deuten in eine bestimmte Richtung führt. Ich schaue dorthin und sehe einen halb zerschossenen Schuppen, in dem es dunkel ist. Nun wird meine Angst noch größer. Will er mich dorthin lotsen, um mich zu erschießen?

Zehn Meter vor dem Gebäude ist mein Karton voll, ich gehe zur Sammelstelle, schütte den Karton aus und begebe mich an das andere Ende des Platzes, weit von dem kleinen Marokkaner entfernt. Er aber holt mich an die alte Stelle zurück und deutet auf die nächste Büchse. Und ich sehe in seiner Rocktasche einen dreieckigen Abdruck. Das kann nur eine Pistole sein.

Er führt mich mit seinem Deuten in den dunklen Eingang. Der Raum liegt auch voller Unrat, und er deutet in die dunkelste Ecke. Dort bücke ich mich und erwarte den Schuss aus der Pistole. Aus dem Augenwinkel sehe ich, wie er in seine Rocktasche greift. Und dann habe ich in meiner Hand plötzlich eine Papiertüte in Dreiecksform. Der kleine Marokkaner sagt: „Mange, mange, tout de suite!“, und er verschwindet. Ich stehe völlig erstarrt und ratlos da. Ein Mensch, vor dem ich Todesangst hatte, wollte mir Gutes tun. Er hatte die Tüte einer deutschen „eisernen Ration“ gefunden und hatte sich wohl den Jüngsten der Gefangenen ausgesucht, um ihm das heimlich zu geben.

Das Grinsen dieses kleinen Marokkaners ist für mich nun das Lachen eines Engels. Und ich habe von einem auf den anderen

Augenblick wieder Lebensmut, und zwar für ein ganzes Leben. Niemand außer diesem kleinen Muslim aus Nordafrika, den ich nur einmal im Leben gesehen habe, hat mir jemals mehr Lebensmut gegeben.

So schnell es geht, esse ich einige der nahrhaften Kekse aus der Tüte. Dann muss ich wieder zurück auf den Platz, die Tüte gut in meiner Uniform versteckt. Das Bild hat sich gewandelt, offenbar sind noch mehr Gefangene gekommen und schon wieder kommen zwei Lastwagen voll deutscher Soldaten durch das Tor.

Wir müssen antreten und werden in Abteilungen zu fünfzig Mann eingeteilt. Ich komme zur Abteilung eins. Durch die Einteilung merken wir, dass wir schon über zweihundert sind. Und dann geht alles sehr schnell. Es heißt: „Abteilung eins und zwei antreten!" Wir werden gezählt und auf Lastwagen verladen und verlassen die Kaserne von Remiremont.

Arbeitskommando

Die Lastwagen fahren ein Stück die Mosel entlang gegen Norden und biegen dann rechts in Richtung der Vogesen ein. Schon im zweiten Dorf biegen wir von der Straße ab und landen schließlich bei Einbruch der Dunkelheit wieder in einem Kasernenhof.

Dort erwarten uns einige französische Soldaten und eine größere Gruppe Marokkaner. Wir werden in eine Unterkunft geführt, in der auf dem Steinboden Holzbretter und Stroh liegen. Wir sollen uns in Vierergruppen aufteilen. Das geht überraschend schnell, weil sich herausstellt, dass viele gemeinsam in Gefangenschaft geraten sind. Ich bin der Einzige, der völlig alleine ist und niemanden kennt. Aber ich finde eine Dreiergruppe, die mich aufnimmt.

Dass ich die drei gefunden habe, ist eine große Hilfe für mich in den nächsten Monaten. Der eine heißt Philipp und ist von Beruf Trompeter, hat ein Kind und stammt aus einem Dorf ganz in der Nähe meiner Heimatstadt. Der Zweite heißt Adam, ist Schreiner, hat zwei Kinder und stammt ebenfalls aus Hessen. Der Dritte heißt Günter, ist Bäcker, hat ebenfalls zwei Kinder und kommt aus Duisburg.

Es wird uns mitgeteilt, dass wir im Verpflegungslager der Ersten französischen Armee arbeiten sollen. In den nächsten Tagen merken wir, wie das Ganze organisiert wird. Wir befinden uns in dem Dorf Bruyères. Bis zu dem Dorf reicht ein unbeschädigtes

Eisenbahngleis. Dadurch ist es möglich, dass Züge von Marseille, wo amerikanische Schiffe anlanden, das Rhonetal entlang über Belfort in das Moseltal bis in die Hochvogesen fahren können. So ist eine unserer Aufgaben, am Bahnhof von Bruyères Eisenbahnwaggons mit Verpflegung zu entladen, die Kisten in der Kaserne, in der wir untergebracht sind, zu stapeln und von dort wieder an die Einheiten der französischen Truppe zu verteilen.

Zunächst aber ist es dunkel geworden, und außer den Taschenlampen der Franzosen gibt es kein Licht. Wir müssen uns in Vierergruppen auf Stroh und Holz legen, dann schließt sich die Tür. Ich liege, vom Eingang aus gesehen, zusammen mit meinen drei neuen Kameraden in der linken hinteren Ecke. Meine eiserne Ration reicht gerade noch aus, dass für jeden von uns zwei Kekse bleiben. Auch die anderen drei haben tagelang nichts gegessen. Wir reden, und nach und nach schlafen wir ein.

Der erste Arbeitstag

Am nächsten Morgen, es ist noch dunkel, geht die Tür auf und ein marokkanischer Soldat holt mit Gesten und unverständlichen Worten sechs von uns vom Schlaflager. Nach einiger Zeit kommen sie zurück und bringen tatsächlich Kaffee und etwas zu essen. Jeder bekommt einen Becher besten Bohnenkaffee mit Zucker und drei Kekse. Das ist unser tägliches Frühstück für fast vier Monate.

Dann müssen wir alle draußen antreten und werden in Arbeitsgruppen eingeteilt. Jede Gruppe wird von einem marokkanischen Soldaten begleitet. Das Kommando haben französische Soldaten.

Ich komme mit meiner Gruppe in ein Gebäude der Kaserne. Dort sollen wir Verpflegungskisten stapeln. Irgendjemand hat schon einen ersten Zug aus Marseille entladen, denn überall sind Kisten aufgetürmt. Andere Gruppen von uns werden zum Bahnhof gebracht, um einen weiteren Zug zu entladen. Wir warten darauf, dass die ersten Transporter zum Stapeln kommen.

Ich schaue mir die vorhandenen Kisten an, sie haben englische Aufschriften. Ich lese „Ration 2“ auf jeder Kiste. Unser marokkanischer Wachmann steht am Eingang des Raumes, ich verschwinde hinter einem Kistenstapel und schaue genauer hin. Es sind leichte Holzkisten. Sie müssten also, wenn sie auf die Ecke fallen, kaputt gehen, und man könnte sehen, was darin ist. Ich überlege, wie man das machen könnte.

Da ist plötzlich Lärm vor der Tür. Ein Lastwagen ist gekommen, unser Posten geht hinaus und ich stoße eine Kiste aus zwei Metern Höhe auf den Steinboden. Sie fällt tatsächlich auf die Ecke und geht kaputt. Über den Boden rollen Büchsen, kleine Kartons fallen heraus. Es ist wie eine Weihnachtsbescherung. Fünf, sechs Hände lesen eilig die Beute vom Boden auf. Ich habe gerade zwei kleine Büchsen in die Tasche gesteckt, da kommt der Posten um die Ecke. Ich sehe sein Gesicht und reagiere ohne die geringste Überlegung. Ich bücke mich, erwische eine Schachtel amerikanischer Zigaretten und stecke sie dem Marokkaner in die Tasche seines Uniformrocks. Er lacht über das ganze Gesicht, dreht sich um und geht wieder zum Eingang.

Wir entladen den Lastwagen und errichten neue Stapel. Kaum sind wir fertig, kommt der nächste Lastwagen. So vergeht der Vormittag.

Zur Mittagszeit werden wir in unsere Unterkunft zurückgeführt. Dort sehen wir mit Erstaunen, dass andere von uns in der Zwischenzeit Schlafgestelle zusammengezimmert haben. Das sind Gestelle, wo vier Schlafplätze unten und vier oben sind. Auf den Holzbrettern liegt Stroh und Seegras. Die Vierergruppen müssen sich vor den Gestellen zusammenfinden und dann gibt es tatsächlich Mittagessen. Und jeder bekommt etwa einen halben Liter dicke Suppe. Das gilt auch für die nächsten Monate.

Meine Arbeitsgruppe ist die einzige, die mit Beute zurückkommt. Ich habe zwei Büchsen, aber keinen Büchsenöffner. In den nächsten Wochen lernen wir, wie man stehlen kann, ohne aufzufallen. Und in einer anderen Kiste entdecken wir sogar kleine Büchsenöffner. Da meine Uniform eine Bundhose ist, reiße ich ein Loch oben in meine linke Hosentasche und befördere das geklaute Gut nach unten. So machen es viele. Auf diese Weise sind wir alle recht gut durch die Zeit im Verpflegungslager gekommen.

Am Nachmittag müssen wir wieder zur Arbeit, und es gibt etwas Neues: Etwa vierzig vietnamesische Soldaten sind angekommen (Vietnam war damals, wie Marokko, eine französische Kolonie). Sie müssen nicht uns, sondern die Verpflegung bewachen. Da sie aber ihre Kolonialherren wenig mögen, können wir uns später mit ihnen wegen unseres Mundraubs arrangieren.

Bei Einbruch der Dunkelheit werden wir zurückgeführt und bekommen als Abendessen zweihundert Gramm Weißbrot. Es wird dunkel, und wir haben wieder kein einziges Licht. Der marokkanische Wachposten vor der Tür zündet wegen der Dezemberkälte ein kleines Holzfeuer an, sodass durch unseren Raum die ganze Nacht gelbe Lichtflecke huschen.

Wir gewöhnen uns aneinander

Am Aufbau des Verpflegungslagers der Ersten französischen Armee sind also vier Gruppen beteiligt. Zuerst die Franzosen, sie tragen alle Uniform, aber nur zwei von ihnen haben eine militärische Ausbildung. Die anderen kommen alle vom „Maquis", so nennt sich die kommunistische Widerstandsgruppe. Das macht unsere Situation unberechenbar, weil die Maquisarden die Genfer Konvention für die Kriegsgefangenen praktisch nicht anerkennen. Am vierten Tag kommt für uns Gefangene eine unerwartete Hilfe. Die Meldung von der Ardennenoffensive ändert das Verhalten der Franzosen schlagartig. Sie haben Angst, dass Hitler doch noch siegt.

Die zweite Gruppe sind die Marokkaner, Soldaten zweiter Klasse in der französischen Armee, zum Militärdienst gezwungen, weit von der Heimat entfernt. Allesamt sind sie Muslime, was man ihnen nur selten anmerkt. Uns nützt es, dass sie große Bewunderung für das deutsche Militär hegen.

Die dritte Gruppe sind die Vietnamesen, die noch weiter von ihrer Heimat entfernt sind. Einige sind katholisch, aufgrund der französischen Missionierung während der Kolonialzeit, die meisten gehören aber indochinesischen Religionen an. An ihren Mienen kann man nicht ablesen, wie sie gestimmt sind.

Die vierte Gruppe sind wir Kriegsgefangenen, bunt zusammengewürfelt. Ich bin mit achtzehn Jahren der Jüngste, der Älteste ist zweiundvierzig Jahre alt. Wir kommen aus fast allen deutschen Gegenden, einige aus Österreich. Es ist nicht leicht, zu einer Gemeinschaft zusammenzuwachsen. Aber es stellt sich heraus, dass die Anweisung der Franzosen, Vierergruppen zu bilden, hilfreich ist. Wir raufen uns dann doch recht gut zusammen, natürlich mit Schwierigkeiten.

Eine Episode darf ich schildern: Am dritten Tag komme ich abends wieder mit einem Beutestück zurück und zeige es den anderen. Ein etwa zwanzigjähriger Gefangener entreißt mir die Büchse. Ich protestiere und gehe auf ihn zu, und er schlägt sofort auf mich ein. Ich beziehe Prügel wie noch nie in meinem Leben. Aber, und deshalb erzähle ich es, fünf, sechs andere greifen sofort ein. Es entsteht eine hitzige Debatte, am Ende der Beschluss: Wer einem anderen etwas wegnimmt, wird schwer bestraft. Später stellt sich heraus, dass der Schläger in einer Strafkompanie war. Er saß im Zuchthaus, weil er als Sechzehnjähriger seine Eltern umgebracht hatte.

Diese vier Gruppen haben sich schließlich erstaunlich gut zusammengerauft, sodass dieses Verpflegungslager in den Hochvogesen gut funktioniert.

Weihnachten 1944

Am Tag vor Heiligabend soll ich mit fünf anderen Gefangenen etwas für die französischen Soldaten in einem Nachbardorf abholen. Wir fahren mit einem kleinen Lastwagen, der oben offen ist, dorthin. Unterwegs begegnen uns drei Nonnen. Sobald sie uns erkennen, heben sie mit der einen Hand ihre großen weißen gestärkten Brustlätze hoch und machen mit der anderen Hand die Geste des Halsabschneidens. Wir müssen furchtbar lachen. Aber mir fährt auch sofort der Schreck in die Glieder. Und einer von uns sagt: „Das wäre in Deutschland nicht möglich."

Ich denke noch lange über dieses Ereignis nach. Und wahrscheinlich haben die deutschen Katholiken ihre Internationalität der Kontroverse mit Bismarck[1] mit zu verdanken.

Der 24. Dezember 1944 ist für uns ein harter Arbeitstag. Abends, nach der Verteilung der zweihundert Gramm Brot, schließt sich die Tür, und wir sitzen im Dunkeln. Keine Lampe, keine Kerze. Ich habe das Neue Testament in meiner Tasche und würde gerne die Weihnachtsgeschichte lesen. Gerade überlege ich, ob ich es wagen kann, sie auswendig zu erzählen, da fängt unser Sprecher, den die Franzosen ausgewählt haben, an zu reden: „Kameraden, heute ist Weihnachten, das Fest der Deutschen, das Fest der Familien. Und wir sind hier in der Kriegsgefangenschaft und sitzen im Dunkeln, fern von unseren Familien und Freunden. Wer ist daran schuld? Daran schuld sind die englischen Plutokraten und die amerikanischen Imperialisten. Wir können unserem Führer nicht mehr zum Endsieg verhelfen, aber, wie Dr. Goebbels gesagt hat,

1 Anm. Red.: In den 1870er Jahren führte die Auseinandersetzung zwischen dem Deutschen Kaiserreich bzw. Reichskanzler Otto von Bismarck und der katholischen Kirche bzw. Papst Pius IX. (Stichwort: Kulturkampf) zu einer weiteren Trennung bzw. Entfremdung der katholischen Kirche in Deutschland vom (National-)Staat und zur Orientierung an „Rom" (Stichwort: Ultramontanismus).

wir können hassen lernen. Dann kann auch das Unrecht, das wir erleiden, gerächt werden. Und nun singen wir das Weihnachtslied der Deutschen: Stille Nacht."

Und hundert Kriegsgefangene singen in der dunkeln Unterkunft: „Stille Nacht, heilige Nacht."

Ich sitze in der Nähe unseres Sprechers und höre, wie er bei der zweiten Strophe anfängt zu schluchzen. Da kann ich mich nicht mehr beherrschen, krieche zu ihm und sage: „Du wolltest doch hassen lernen, warum heulst du?" Er antwortet: „Das verstehst du nicht. Du bist viel zu jung und hast weder Frau noch Kinder." Ich antworte: „Das verstehe ich schon, dass du weinst. Aber wenn Weihnachten für alle das Fest der Liebe wäre, gäb es vielleicht diesen Krieg gar nicht."

Der erste Weihnachtstag ist ein besonders harter Arbeitstag. Unser Sprecher benimmt sich mir gegenüber so, als wäre nichts geschehen.

Die Vietnamesen feiern Neujahr

In der zweiten oder dritten Januarwoche fragt mich der vietnamesische Unteroffizier, der Deutsch spricht, ob ich bereit sei, Arbeiten für das Neujahrsfest zu übernehmen. Ich sage natürlich gerne zu und erlebe ein fernöstliches Fest mit Papierdrachen, Lampions und Feuerwerk. Man merkt, dass die Vietnamesen mit dem ganzen Herzen dabei sind. Ich bin zwar ein Hilfsarbeiter, aber ich darf alles mitmachen.

Zu Beginn komme ich in eine schwierige Situation: In einem Kellerraum, wo etwa zehn Soldaten versammelt sind, bekomme ich ein großes, scharfes Messer in die Hand gedrückt. Und dann führen zwei Soldaten ein sehr junges Kalb herein, schwarzweiß gefleckt. Es wehrt sich und hat Angst in den Augen. Und das soll ich schlachten, und zwar schächten, das heißt, ich soll die Schlagader am Hals öffnen, damit das Tier verblutet. Ich bin wie erstarrt und sage: „No, no!" Es gibt Protest und Gelächter. Aber dann kommt einer der Soldaten, nimmt mir das Messer ab und vollzieht den Ritus des Schächtens.

Ich kenne das Schächten aus meiner Kindheit. Wir hatten einen jüdischen Metzger in unserer Straße. Nun erlebe ich zum ersten Mal, dass das Schächten offenbar weltweit verbreitet ist.

Meine Weigerung ändert nichts an der Freundlichkeit der vietnamesischen Soldaten. Ich darf an allem teilnehmen und werde reichlich gefüttert. Auch von dem armen Kälbchen bekomme ich mein Stück.

Ich muss singen

Einige Tage nach Weihnachten haben wir endlich Licht in unserer Unterkunft. In jeder der drei Abteilungen hängt nun eine elektrische Glühbirne unter der Decke. Es gibt also abends und morgens mehr Kontakte untereinander.

Einmal singe ich einigen Kameraden etwas vor, und irgendwie kommt das den Marokkanern zu Ohren. So werde ich eines Abends von einem der Wachsoldaten abgeholt und in die Unterkunft der Marokkaner geführt. Der Anführer grinst mich an: „Singen, singen!" Ich singe ein deutsches Volkslied. Die gesamte Wachtruppe hört aufmerksam zu. Aber es gibt keinen Beifall. Einer sagt: „Lili Marleen", und ich singe Lili Marleen, die drei bekannten Strophen, und bekomme einen riesigen Beifall. Danach fallen mir wieder ein paar Volkslieder ein, bis einer fordert: *„Stille Nacht"*. Ich singe alle Strophen, die ich kenne, und bekomme wieder Beifall. Und wieder verlangt einer: „Singen, singen!" Nun versuche ich es mit *Mamatschi, schenk mir ein Pferdchen*. Erneut verdrehen meine Zuhörer selig die Augen. Zum Schluss gebe ich *Jenseits des Tales standen ihre Zelte* zum Besten, die Schnulze der deutschen Jugendbewegung.

Etwa eine Stunde ist vergangen, ich bekomme als Lohn ein Stück trockenes Weißbrot. Dann werde ich zurück in unsere Unterkunft geführt.

An den nächsten zehn Abenden werde ich pünktlich zum Singen abgeholt. Die vier oben genannten Titel muss ich immer wieder singen, und ich bekomme dafür jedes Mal ein Stück trockenes Weißbrot. Etwas ärgert mich dabei sehr: So freundlich die Marokkaner auch sind, sie nehmen mir meine Mundharmonika ab, die ich durch alle Fährnisse gerettet hatte.

Cognac und Rotwein

Die französischen Soldaten an der Front haben Anspruch auf eine tägliche Ration Cognac und Rotwein. Deswegen lagern bei uns große Fässer mit diesen Getränken. Eine Gruppe der Gefangenen muss täglich nach den Lieferscheinen die entsprechende Menge für die Transporte zu den Einheiten abmessen. Die marokkanischen Wachsoldaten dürfen als Muslime das Alkoholdepot nicht betreten, sie müssen davor stehen bleiben, um uns zu bewachen.

Im Januar kommt ein Transport mit Rotweinfässern. Ich gehöre zu der Gruppe, die ausladen soll. Ein französischer Offizier, der seinen ersten Tag Dienst im Lager hat, kommandiert uns herum, obwohl er keine Ahnung hat. Ich deute mit Gesten an, dass wir eine schiefe Ebene brauchen, um die schweren Fässer vom Lastwagen auf den ebenen Boden zu bekommen. Er schreit mich an: „Complètement fou!", und lässt einen alten Reifen holen, den er hinten an den Lastwagen legen lässt. Wir sollen das Fass mit etwa 600 Litern Rotwein darauffallen lassen. Alle Beteiligten versuchen dem Leutnant klarzumachen, dass das nicht geht. Er wird wütend und droht, uns zu erschießen. Wir rollen das Riesenfass aus dem Lastwagen auf den Reifen. Es macht „Plop!" und 600 Liter bester algerischer Rotwein verlaufen sich im Kasernenhof. Der Leutnant schreit noch etwas und verschwindet.

Von da an dürfen wir wieder alle Arbeiten selbst organisieren. Das ist auch für die anderen Abteilungen von großem Vorteil.

Einen Tag kann ich nicht vergessen. Ich lande am Morgen bei den Alkoholfässern. Es gibt so viel zu tun, dass ich keine Mittagspause und damit auch kein Mittagessen bekomme. Die einzigen Nahrungsmittel sind also Rotwein und Cognac. Ich trinke an diesem Tag wohl einen ganzen Liter Cognac, ohne auch nur im Geringsten benebelt zu sein. Nach dem Krieg sagte mir ein Arzt, dass Alkohol auch Kalorien enthält und mein Körper diese wahrscheinlich sofort verarbeitet hat.

Die muslimischen Wachsoldaten müssen wie gesagt draußen stehen bleiben, aber die beiden, die Dienst am Gebäude haben, haben stets ihre Feldflaschen angeschnallt. Diese füllen wir ihnen immer mit Cognac oder Wein und sie lächeln selig, trotz Allahs Verbot.

In Saint-Dié

Eines Morgens im Januar werden wir zu acht sehr früh aus der Unterkunft geholt. Wir fahren mit einem kleinen Lastwagen in die Stadt Saint-Dié. Dort erwartet uns harte Arbeit. Wir müssen Mehl an die Bäckereien der Stadt verteilen. Den ganzen Vormittag schleppen wir uns mit den Zwei-Zentner-Säcken ab. Es ist bitterkalt und keiner von uns hat einen Mantel oder Handschuhe. Wir können die Last kaum bewältigen. Zum ersten Mal arbeiten wir unter den Augen der Bevölkerung. Viele Schimpfworte und manchen Tritt müssen wir einstecken. Die größte Bäckerei am Ort hat einen Mehlspeicher, der nur über eine Leiter zu erreichen ist. Ich denke, mir bricht das Rückgrat, als ich einen Zwei-Zentner-Sack hinaufbefördern muss.

Gegen Mittag ist die Arbeit getan. Wir werden zu einem Marktplatz geführt und müssen dort stehen bleiben. Gegenüber sammeln sich Leute, vor allem Frauen und Kinder und ältere Männer. Sie beschimpfen und drohen uns. Unser Wachmann hat auch Angst, er ruft etwas in die Menge, und da fliegt der erste Stein. Weitere Steine und Schimpfworte folgen.

Und plötzlich steht ein junger Mann vor uns, ein Franzose aus dieser Stadt. Er ruft den Leuten etwas zu, sie beschimpfen ihn. Aber das Steinewerfen hört auf. Er wendet sich uns zu und spricht uns auf Deutsch an. Er bittet um Verständnis für die feindliche Haltung der Bevölkerung. Vor einigen Wochen sei die Waffen-SS in der Stadt gewesen und habe übel gehaust. Sie hätten die gotische Kathedrale von Saint-Dié angezündet und Geiseln erschossen. Dann erzählt er von sich. Er sei Zwangsarbeiter in Deutschland gewesen und habe in der Nähe von Stuttgart in einem Rüstungsbetrieb arbeiten müssen. Dort habe er erfahren, dass die Deutschen weder besser noch schlechter seien als andere Völker. Deutsche hätten ihm Gutes getan. Deswegen sei er für die Verständigung zwischen Deutschen und Franzosen. Es gebe nur diesen einen Weg, den grausamen Kriegen ein Ende zu bereiten.

Noch während er redet, kommt ein alter DKW auf den Platz gefahren. Am Steuer sitzt ein Mann in einem schwarzen Kaftan, auf dem Kopf ein schwarzer Hut. Schon von weitem fängt er an, auf uns zu schimpfen. Ich sage zu den anderen: „Das ist ein Rabbi. Der hat ein Recht, auf uns zu schimpfen." Etwa fünfzig Meter von uns entfernt hält er an, steigt aus und geht wild gestikulierend und schimpfend auf uns zu. Ich erkenne zu meinem Schrecken an dem vermeintlichen Kaftan dreiunddreißig Knöpfe. Es ist also ein katholischer Priester in seiner Soutane.

Da fällt mir ein lateinisches Bibelzitat ein, das der Generalpräses der katholischen Jugend, Ludwig Wolker, oft gesagt hat, auch auf einer Schallplatte. Und das rufe ich dem Priester, der keine zehn

Schritte mehr entfernt ist, zu: „Caritas Christi urget nos!“ Das heißt: „Die Liebe Christi drängt uns!“ (2 Kor 5,14)

Der Priester erstarrt in seiner Bewegung, wendet sich um, rennt zu seinem Auto und fährt weg.

Die Umstehenden sind offenbar alle sehr erstaunt und meine Kameraden fragen mich: „Was hast du dem gesagt?“ Ich antworte: „Einen lateinischen Bibelspruch.“ Und schon steht der Wagen vor uns, der uns zurückbringt.

Dort erzählen die anderen sieben, was wir erlebt haben. Und ich gelte, obwohl ich der Jüngste bin, auf einen Schlag als Autorität unter den Gefangenen, und das erweist sich in den nächsten Wochen als sehr hilfreich.

Minenräumen

Mitte Januar bekomme ich eine lebensgefährliche Arbeit. Ich werde zwei französischen Soldaten zugeteilt. Sie führen mich an einen Waldrand. Dort zweigt von der Straße ein unbefestigter Weg ins Tal ab. Ein Warnschild weist offenbar auf Minen hin. Die Soldaten bedeuten mir, dass ich auf dem Weg nach unten Minen suchen und sie entfernen soll. Ich bin zwar mit Minen vertraut, wie jeder Soldat. Ich habe sie in der Ausbildung gesehen, kenne ihre Gefährlichkeit, habe aber keine Ahnung, wie man sie entschärft.

Ich merke, dass die beiden Soldaten mir nicht böse gesinnt sind. Einer leiht mir sogar sein Messer. Ich schneide mir aus dem Unterholz einen langen Stecken. Auf dem Boden kriechend taste ich mit dem Stecken den Weg nach unten ab, hinter mir, in sicherem Abstand, die beiden Soldaten. Nirgends finde ich eine Mine, und nach etwa zwei Stunden fordern sie mich auf, die Suche zu beenden. Sie packen belegte Brote aus. Auch ich bekomme von jedem eine gute Portion ab. In Gesten und Wortfetzen machen sie mir klar, dass sie genauso wie ich Opfer sind. Auch sie wollen keinen Krieg und wollen keine Feindschaft.

So ist dieser gefährliche Einsatz für mich gleichzeitig ein tröstliches Erlebnis. Ich muss an die Nonnen denken, die mir den Hals abschneiden wollten. Und ich wünsche, sie könnten begreifen, dass die meisten Franzosen, Deutschen, Vietnamesen, Marokkaner und alle, die hier herumlaufen, Opfer sind und nicht Täter.

Kinder

In der französischen Soldateneinheit des Verpflegungslagers gibt es einen ständigen Wechsel. General de Gaulle hat angeordnet, aus den Widerstandsgruppen reguläre Armeeeinheiten zu machen. Eine der größten Schwierigkeiten ist dabei, dass sich Widerstandskämpfer oft militärische Titel zulegen, die sie gar nicht erworben haben. Die eine oder andere Degradierung in unserem Lager ist mit großem Ärger verbunden, den wir Gefangene deutlich wahrnehmen.

Der neue leitende Offizier, der Ende Januar seinen Dienst antritt, macht auf uns einen guten Eindruck. Endlich herrscht etwas mehr Ruhe bei den Franzosen, für uns eine spürbare Entlastung.

Eines Tages werde ich zum Holzhacken abkommandiert. Ein Wachsoldat liefert mich in der Wohnung des leitenden Offiziers ab. Im Souterrain befindet sich neben der Garage ein weiterer Raum. Dort steht ein Hackklotz mit einem scharfen Beil und viel Holz zum Hacken. Der Wachposten verschwindet, und ich fange mit der Arbeit an. Das gehackte Holz staple ich, wie ich es von zu Hause gewohnt bin.

Nach etwa einer halben Stunde öffnet sich im Hintergrund eine Tür. Zwei Kinder, ein Junge und ein Mädchen, etwa fünf und sechs Jahre alt, bringen mir ein Tablett mit einer Teekanne und einer Teetasse und ein Tablett mit Keksen. Sie sagen: „S'il vous plaît, Monsieur!"

Ich bin wie vom Donner gerührt. Zwei völlig unwahrscheinliche Ereignisse überwältigen mich. Einmal, dass ein Kriegsgefangener zum Tee eingeladen wird. Zum anderen klingen die Stimmen der Kinder für mich wie aus einer anderen, bereits verlorenen Welt. Mir wird plötzlich klar, dass ich wohl monatelang nur tiefe Männerstimmen gehört habe. Frauen und Kinder habe ich zwar unterwegs gesehen, aber offenbar keine hohe Stimme gehört.

In meiner Verwirrung sage ich zu den Kindern: „Thank you!", aber dann auch: „Merci, merci!" Ich bin fast fertig mit meiner Arbeit, da öffnet sich die Tür und eine junge Frau kommt herein und lädt mich auf Deutsch ein, mit nach oben zu kommen.

Wir sitzen in der Küche, mit den beiden Kindern am Tisch, ich bekomme Kaffee und Kuchen und die Frau fragt mich nach meinem Leben und erzählt auch von sich. Sie stammt aus dem Elsass, daher ihre deutsche Muttersprache. Ich erzähle von meiner Familie, vor allem von meiner Schwester Katharina, die ein Kind erwartet.

Leider muss ich wieder zurück in das Elend der Gefangenschaft. Diese und den Krieg habe ich für eine Stunde vergessen dürfen.

Bohnensuppe

Nach vier Wochen sind wir „eingearbeitet". Alle anfallenden Arbeiten – Entladen der Eisenbahnwaggons, Lagern der Vorräte und Verteilen an die Einheiten der Truppe – werden jeden Tag willkürlich unter uns verteilt. Das führt dazu, dass man an manchen Tagen viel „abstauben" kann, an anderen Tagen gar nichts. Deshalb spreche ich mich ab mit Philipp, dem Trompeter, alles brüderlich zu teilen.

An einem Tag muss ich am Bahnhof mit drei anderen einen ganzen Waggon mit Weißbrot ausladen. Es muss schnell gehen und das Brot gleich verteilt werden. Wir können so viel davon essen, wie wir wollen. Auf der anderen Seite des Waggons haben sich Leute aus dem Dorf herangeschlichen, denen wir durch eine Luke oben im Güterwagen Brote hinauswerfen. Auf der anderen Seite des Bahnhofs, etwa hundertfünfzig Meter entfernt, müssen deutsche Kriegsgefangene Munition ausladen. Wir überreden unseren marokkanischen Wachsoldaten, zwei Brote zwischen seinen Beinen unter dem Mantel mit Bindfaden aufzuhängen und sie hinüber zu seinem Kollegen zu tragen. Das gelingt! Der Kollege kommt mit zurück, und wir versorgen die beiden wieder mit Brotlaiben. Auf diese Weise können wir unseren Kameraden, von denen schon einige verhungert sind, wie wir erfahren, helfen.

Einige Tage später muss ich wieder zum Bahnhof, dieses Mal ist es ein Waggon voller Schokolade. Wir vier jubeln und machen uns während des Ausladens natürlich über die lange entbehrte Köstlichkeit her. Aber nach zweieinhalb Tafeln können wir nicht mehr. Wir ekeln uns sogar vor der Schokolade. Doch der Trick mit dem Brot bringt uns auf die Idee, dem Wachposten nicht nur Schokolade für sich selbst zuzustecken, sondern ihn zu überreden, einen Teil unserer Beute auch zu den anderen Waggons zu bringen, wo unsere Kameraden etwas anderes ausladen. Unser Posten bringt uns dann Brot zurück, das uns an diesem Schokoladentag wunderbar schmeckt.

An einem anderen Tag lade ich einen Waggon aus, der bis oben mit weißen Bohnen beladen ist, wirklich ausreichend für eine ganze Armee. In Papiersäcken, die wie Zementsäcke aussehen, sind pro Sack etwa zehn weiße Leinensäckchen mit Bohnen. Beim Schließen des Waggons ist offenbar schon in Marseille ein Sack aufgerissen worden, und weiße Bohnen ergießen sich auf den Boden.

Einen französischen Unteroffizier, der herumsteht, frage ich, was wir mit den verstreuten Bohnen machen sollen. Er sagt: „Du kochen!" Da ich kein Interesse habe, verschmutzte Bohnen zu kochen, hole ich mir ein unversehrtes Leinensäckchen und schneide es mit einem Blechstück auf. Nach Abschluss der Arbeiten trage ich es offen auf der Schulter bis zurück in unsere Unterkunft.

Nun habe ich also fast zwei Kilogramm ungekochte Bohnen. Was tun? Inzwischen dürfen wir in unserer Unterkunft in der Mitte des Raumes ständig ein kleines Feuer haben. Es ist ja Winter, und wir sind auf fünfhundert Meter Höhe in den Vogesen. So ist es wenigstens im Raum etwas überschlagen [lauwarm]. Zu der amerikanischen Militärverpflegung gehören auch große viereckige Blechdosen mit Kartoffelchips. Eine solche leere Blechdose fülle ich mit Wasser und stelle sie auf die Feuerstelle. Die weißen Bohnen schütte ich hinein. Von meiner Großmutter weiß ich, dass man Bohnen über eine Stunde kochen muss. Meine Kameraden, die schon von der Arbeit zurück sind, reagieren teilweise mit viel Spott auf mein Unternehmen. Ich weiß natürlich, dass mir Salz fehlt, damit das Ergebnis einigermaßen schmeckt. Philipp, dem die Hälfte der Bohnen zusteht, ist noch nicht da. Er kommt nach etwa einer halben Stunde und zieht aus seiner Hose, oh Wunder, eine Dose „Meat and vegetable stew", genau das Richtige, um die Bohnen zu würzen.

Nach einer Stunde sind die Bohnen weich, wir verrühren sie mit einem Stück Holz mit dem Doseninhalt, und ich sage: „Jetzt fehlen uns nur noch Würstchen!" Als Essgeschirr haben wir leere Konservenbüchsen. Ich nehme sie, um im gegenüberliegenden Gebäude, wo für uns hundert Gefangene ein einziger Wasserhahn zur Verfügung steht, Wasser zu holen. Unterwegs begegnet mir der vietnamesische Unteroffizier, der Deutsch kann. Er ist sehr erfreut und sagt: „Ich habe Essen für dich!" Er zaubert etwas in Papier Verpacktes aus seiner Manteltasche. Ich mache es auf und sehe acht Schweinewürstchen. Mir bleibt der Mund offen stehen, ich kann nicht einmal mehr „Danke" sagen.

Zurück bei Philipp sage ich: „Dreimal darfst du raten, was hier drin ist." Und dann gibt es ein großes Hallo. Wir beide essen unter den neidischen Augen der anderen eine Bohnensuppe wie bei Oma. So beginnt meine Karriere als Koch.

Ein Pole

Ende Februar spricht uns ein Unteroffizier der Wachmannschaft an und teilt uns mit, dass die Marokkaner in den nächsten Tagen abgezogen werden. In der Zwischenzeit haben wir gelernt, uns zu verständigen, mit französischen, arabischen und deutschen Sprachfetzen und natürlich Zeichensprache. Der Marokkaner sagt: „An unserer Stelle kommen Polen. Das ist schlecht für euch. Wir lieben die Deutschen. Die Polen hassen die Deutschen." Das ist für uns natürlich eine Auskunft, die uns Angst macht. Wir überlegen, wie wir uns verhalten sollen, wenn die Polen kommen, aber es fällt uns nichts ein, was uns vor ihrer Rache schützen könnte. Denn inzwischen zweifeln auch die Nazis unter uns nicht mehr daran, dass Deutschland Polen überfallen hat.

Die Ablösung kommt Anfang März um Mitternacht. Wir hören die Kommandos vor unserer Tür. Ich höre zum ersten Mal polnische Wörter.

Früh morgens, etwa um 6:00 Uhr, springt die Tür auf. Ein polnischer Hauptmann mit einer Reitpeitsche in der Hand kommt herein in Begleitung von drei Soldaten. Wir springen auf. Der Hauptmann sagt: „So, jetzt hab ich euch! Jetzt kann ich mich endlich rächen an denen, die meinem Volk so viel Unrecht getan haben." Er schlägt mit der Reitpeitsche auf den Boden. Dann sagt er: „Aber ich werde das nicht tun. Denn ich bin Katholik, und mein Glaube verbietet mir die Rache. Ich werde euch also wie anständige Menschen behandeln und das auch meinen Soldaten befehlen. Wenn sich allerdings einer von euch als Lump herausstellt, wird er seine Strafe bekommen."

Er will sich zum Gehen wenden. Da öffnet sich die Tür, und zwei Kameraden tragen den Kaffeepott und die Schachtel mit den Keksen herein. Der polnische Hauptmann fragt: „Für wie viele ist das?" Antwort: „Für alle hundert!" Der Hauptmann: „Wenn das so ist, werde ich meine Leute anweisen, euch nicht zur Arbeit anzutreiben." Er dreht sich um und verlässt den Raum.

Es lässt sich nicht beschreiben, wie erleichtert wir sind. In den kommenden Tagen freunden wir uns mit den polnischen Soldaten an, mit denen wir uns gut verständigen können. Nach wenigen Tagen haben wir den Diebstahl von Lebensmitteln „organisiert".

Vierzehn Tage später kommt ein anderer polnischer Offizier, offenbar ein Major, mit einer Hundepeitsche abends in unsere Unterkunft gestürmt und schlägt wild um sich und auf alle ein.

Dabei schreit er: „Ihr Schweine, ihr Hunde, ihr gehört alle umgebracht!“, und schon ist er wieder verschwunden. So lernt man Unterschiede kennen.

Ein Ägypter

Eines Abends, es ist wohl schon 20:00 Uhr vorbei, holt mich der vietnamesische Unteroffizier, der Deutsch spricht, aus der Unterkunft. Er sagt mir, ein ägyptischer Kraftfahrer habe mit seinem Lastwagen eine Panne und dürfe im Bereich des Verpflegungslagers übernachten. Ich solle ihm eine Stunde zur Verfügung stehen. Er führt mich in einen abgelegenen Teil der Kaserne, hinauf in den ersten Stock. Dort wartet in einer Tür ein hagerer Mann, der mir zur Begrüßung sofort um den Hals fällt. Er sagt: „German, German, dear German!“ Er riecht furchtbar nach Knoblauch.

Der Vietnamese verlässt uns. Der Ägypter zieht mich in sein Zimmer. Dort brennen drei Kerzen. Er bietet mir etwas Undefinierbares, Klebriges zum Essen an. Ich muss das Essen natürlich annehmen, aber es schmeckt grauslich.

Ich muss mich setzen. Der Ägypter steht vor mir und reibt seine beiden Zeigefinger längs aneinander. Er sagt: „Egyptians and Germans friends!“ Dann reibt er beide Zeigefinger weiter aneinander und sagt: „French and Jews friends!“ Und dann stehen die Spitzen der Zeigefinger gegeneinander und er sagt: „French and Germans enemies! Germans and Jews enemies! Egyptians and Jews enemies! Egyptians and French enemies!“ Dann holt er mich wieder vom Stuhl, fällt mir um den Hals und sagt: „Arabs and Hitler friends!“

In mir regt sich natürlich Widerstand, aber ich traue mich nicht, ihm zu widersprechen, zumal er eine Flasche Wein hervorzieht, und wir fangen zu trinken an.

Gott sei Dank kommt mein vietnamesischer Freund und holt mich zurück. Er hatte mir übrigens auch schon vorher klargemacht, dass alle Kolonialvölker der Franzosen und Engländer von Hitler begeistert seien, und wenn Hitler sie aufgerufen hätte zum Kampf gegen die Kolonialherren, wären sie ihm alle gefolgt. Ich erklärte ihm, dass Hitler außer der germanischen alle anderen Rassen verachte und dass ich froh sei, wenn Hitler den Krieg verliere. Das kann der Vietnamese nicht verstehen. Aber er nimmt mir meine Meinung nicht übel.

Ein Traum

Ein Franzose in meinem Alter, ein Zivilist, ist als Mitarbeiter im Verpflegungslager angestellt. Relativ früh lernen wir uns kennen, und immer wieder kommen wir ins Gespräch, wenn kein anderer in der Nähe ist. Denn solche Kontakte sind verboten. Durch die Kriegsereignisse im Dezember ist die Infrastruktur in den Hochvogesen fast zusammengebrochen. Es gibt keine Tageszeitung, bis im Januar täglich ein vierseitiges DIN-A3-Blatt als Notbehelf erscheint. Dieses Blatt kann mein französischer „Kollege" mir ab und zu zustecken.

In dem Informationsblatt werden auch immer die alliierten Luftangriffe auf deutsche Städte gemeldet, zum Beispiel auf Mainz und auf Dresden. In der Ausgabe vom 20. März 1945 finde ich die Nachricht, dass es einen Bombenangriff auf Hanau gegeben hat. Hanau liegt am Main, meiner Heimatstadt Steinheim direkt gegenüber. So habe ich große Angst um meine Familie. Am schlimmsten ist es, dass meine Schwester Katharina in der zweiten Märzhälfte ein Kind erwartet. Das hat sie mir im letzten Brief vor meiner Gefangenschaft geschrieben.

In der Nacht darauf habe ich einen schlimmen Traum. Ich befinde mich in der Turnhalle, die zur Gastwirtschaft meines Onkels Isidor in Frankfurt gehört. In dieser Halle habe ich oft gespielt. Nun sehe ich in der Halle Tische und Stühle in wildem Durcheinander. Vorne, auf der Bühne, vor dem halb zerrissenen Vorhang, steht mein Vater, er hat seinen schwarzen Badeanzug an, in dem einige Löcher sind. Und er sagt zu mir: „Sie sind alle tot."

Ich werde schlagartig wach. Zunächst kann ich gar nichts denken. Und dann wirbeln die Gedanken durcheinander. Alles wehrt sich in mir gegen diesen Traum. Ich will glauben, dass meine Angst schuld ist an dem Traum und dass er nicht der Wirklichkeit entspricht.

Ich muss warten bis zum 22. November 1945, also genau acht Monate, bis ich die erste Nachricht von meiner Familie erhalte. Keiner ist beim Luftangriff zu Schaden gekommen, und das Kind hat am 21. März gesund das Licht der Welt erblickt.

Beichte

Mein junger französischer Informant sagt mir eines Tages: „In vierzehn Tagen kommt ein Priester und hält eine Messe für die französsischen Soldaten." Ich frage sofort: „Können die katholischen Gefangenen an dieser Messe teilnehmen? Ich war im vergangenen November zum letzten Mal in der Messe." Er sagt: „Da muss ich fragen."

Einige Tage später teilt er mir mit, der Priester sei ein Elsässer, er verstehe also Deutsch, aber er lasse uns nur zu, wenn wir vorher gebeichtet hätten, denn alle Deutschen seien große Sünder. Er sei bereit, schon samstags zu kommen, um am Nachmittag unsere Beichte zu hören.

Zunächst muss ich mich darum kümmern, dass die katholischen Gefangenen an dem betreffenden Samstag ab 17:00 Uhr arbeitsfrei bekommen. Das wird nach einigem Hin und Her genehmigt. Aber die Arbeiten waren ohnehin weniger geworden, weil die französischen Truppen viel weiter vorgerückt waren.

Abends in der Unterkunft melde ich mich zu Wort und halte eine Rede: „Am kommenden Sonntag können die Katholiken an einer Messfeier teilnehmen. Als Vorbereitung darauf gibt es am Samstag eine Beichtgelegenheit. Wer daran teilnehmen will, möge jetzt bitte zu mir in die linke Ecke kommen. Ich bitte aber, dass nur solche kommen, die ehrlich an der Beichte und Kommunion teilnehmen wollen."

Die Katholiken kommen nach vorne in die linke Ecke. Ich traue meinen Augen nicht, als ich vierzig Personen zähle. Und dann gebe ich den vierzig den ersten Beichtunterricht meines Lebens. Ich weise vor allem darauf hin, dass Mundraub keine Sünde ist. Ich sage: „Wir müssen bis zu vierzehn Stunden am Tag arbeiten und bekommen dafür nur wenig zu essen. Wir haben keinen freien Tag in der Woche. Deswegen dürfen wir Lebensmittel stehlen, wenn dadurch kein anderer zu Schaden kommt. Dass mir also keiner beichtet: Ich habe gestohlen, wenn er hier im Lager geklaut hat. Sünde wäre ein Kameradendiebstahl." Ich erhalte allgemeine Zustimmung. Dann rede ich noch mit Einzelnen, die lange nicht mehr in der Messe waren.

Der Samstag kommt, auch der Pfarrer ist um 17:00 Uhr da. Man weist ihm ein Zimmer zu, wo er die Beichte hören kann. Ich stehe mit den vierzig auf dem Gang und schicke einen nach dem anderen in das Zimmer.

Als Letzter bin ich dran. Ich trete ein. Der Pfarrer sitzt auf einem Stapel amerikanischer Wolldecken, daneben zwei Wolldecken zum Knien. Ich knie mich hin und als Erstes fällt mir auf, dass der Pfarrer viele Haare im Ohr hat. Er lässt mich nicht zu Wort kommen, wie ich es beim Beichten gewohnt bin, sondern fragt die Zehn Gebote des Mose nacheinander ab. Er kommt ans siebte Gebot und fragt: „Haben Sie gestohlen?" Ich sage: „Nein!" Wie von der Tarantel gestochen fährt er auf, schaut mich an und fragt: „Haben Sie nie etwas hier im Lager weggenommen?" Ich sage: „Ich habe nicht gestohlen." Er setzt sich wieder mit dem Rücken zur Wand, holt zweimal Luft und fragt: „Achtes Gebot: Haben Sie gelogen?"

Ich bin sehr traurig, denn auf Nachfragen stellt sich heraus, dass alle gebeichtet haben, sie hätten gestohlen. Das ist also mein erster Misserfolg in Gewissensbildung.

Am nächsten Morgen gehen wir zur Messfeier. Wir Gefangenen werden auf der rechten Seite des Raumes mit einem Seil buchstäblich eingesperrt. Auf der linken Seite sind etwa acht bis zehn Franzosen. Es ist vierzehn Tage vor Ostern, der sogenannte Passionssonntag.

Ein Bad

Gegen Ostern zu gibt es immer weniger Arbeit. Es gibt Anzeichen, dass das Verpflegungslager bald aufgelöst wird. Im Gebirge ist es immer noch kalt, und allmählich wird das Feuerholz rar. Zu der Kaserne, die zum Verpflegungslager umfunktioniert ist, gehört auch eine Reithalle, die ganz aus einer Holzkonstruktion besteht. Durch Artillerieschäden ist sie unbenutzbar. Daher haben wir im Auftrag der Lagerleitung schon die Holzwände entfernt und Brennholz daraus gemacht. Ende März machen wir uns nun an die Konstruktion. Die Holzträger an der richtigen Stelle abzusägen, ist ein großes Problem. Aber wir bewältigen es.

Einer der französischen Offiziere schaut uns öfter aufmerksam zu. Er interessiert sich auch für die anderen Gebäudeteile. Und eines Tages winkt er uns, zu einem Gebäude zu kommen. Ich bin einer von denen, die seiner Aufforderung folgen. Wir gehen durch eine Tür und stehen in der Küche der früheren Kaserne. Es herrscht eine große Unordnung. An der einen Wand stehen vier große Kochkessel. Jeder fasst mehrere hundert Liter. Der Offizier weist uns an, wir sollen untersuchen, ob die Kessel noch dicht sind und ob man sie noch heizen kann. Wir finden heraus: Man kann sie mit Holz oder Kohle heizen und die Metalllegierung, die Kupfer enthält, ist noch völlig dicht.

Wir sind zu viert und bekommen den Auftrag, am nächsten Tag zwei der Kessel aufzuheizen und für die französischen Offiziere, die keine eigene Wohnung haben, Bäder herzurichten. Die dazu nötigen Bottiche finden wir wunderbarerweise auch.

Am nächsten Tag bin ich also Bademeister für die Franzosen. Den ganzen Vormittag kommen die Offiziere, dann auch einige Unteroffiziere, und alle bekommen von uns ein Bad bereitet.

Um drei Uhr nachmittags ist der Bedarf gedeckt, und uns wird gesagt, wir dürften jetzt auch baden. Mir wird bewusst, dass ich mindestens vier Monate lang weder meine Unterwäsche noch meine Uniformstücke ausgezogen habe. Tag und Nacht habe ich alles getragen. Den anderen geht es ebenso. Nun ziehen wir uns alle aus und spüren zum ersten Mal wieder Wasser am Körper. Unsere Unterwäsche ist wie ein feuchter Lappen. Wir legen sie in heißes Wasser, reiben sie mit der Seife, die die Franzosen zurückgelassen haben, und hängen sie zum Trocknen vor die noch warmen Feuerstellen unter den Kesseln. Nach dem Baden laufen wir vier so lange nackt in der alten Küche herum, bis unsere Haut und die Unterwäsche wieder trocken sind. Das dauert mehr als eine Stunde, aber es vermisst uns auch keiner.

Erst Ende Juni kann ich endlich neue Unterwäsche gegen Tabak eintauschen. Und es dauert bis Ende September, dass ich wieder einmal duschen kann.

Ins Stammlager

In der Osterwoche 1945 wird das Verpflegungslager in den Vogesen aufgelöst. Wir Gefangenen müssen die verschiedensten Arbeiten verrichten, aber die vietnamesischen Soldaten werden mehr geplagt als wir.

Schließlich werden wir am Samstag vor dem Weißen Sonntag auf mehreren Lastwagen abtransportiert.

Wir fahren aus den Hochvogesen hinunter ins Moseltal, bis zu dem kleinen Ort Pouxeux, etwa auf halber Strecke zwischen Remiremont und Épinal gelegen, wo das Stammlager Nr. 201 eingerichtet ist. Wir kommen gegen Abend an.

Ein verrücktes Intermezzo

Wir fahren durch das Dorf, plötzlich hupt es von rechts wie wild. Unser Fahrer bremst ab, und vor uns biegt aus der Seitenstraße ein Lastwagen ein. Er ist ohne Verdeck. In dem offenen Kasten stehen etwa fünfundzwanzig Frauen, die wild durcheinanderschreien. Sie sind alle kahl geschoren. Als sie uns als deutsche Kriegsgefangene erkennen, schreien sie: „Liebling! Schatz! Küsschen!" Leute vom Straßenrand werfen Steine auf die Frauen und auch auf uns. Beide Fahrer verschärfen das Tempo, und dann biegen wir ab zum Stammlager.

Die Frauen auf dem Lastwagen waren offenbar Französinnen, die sich mit deutschen Soldaten eingelassen hatten und wahrscheinlich denunziert und verhaftet worden waren.

Die neue Unterkunft

Mehrfacher Stacheldrahtzaun umgibt das Gelände. Wir fahren durch ein Stacheldrahttor und müssen aussteigen. Um uns herum stehen hunderte ausgemergelte Gestalten, teilweise kahl geschoren. Sie staunen uns an wie Menschen von einem anderen Stern, denn wir sind gut genährt durch unsere Lebensmitteldiebstähle, und wir sind kräftig durch die schwere Arbeit, die wir zu leisten hatten.

Ein Mitgefangener, offenbar ein Mitglied der deutschen Lagerleitung, teilt uns mit, die Formalitäten würden erst am Montag erledigt. Wir sollen uns einen Platz im Strohlager suchen und sehen, wie wir zurechtkommen.

Ich versuche nun, meine neue Heimstatt kennenzulernen. In der Mitte steht eine riesige Halle, der Boden ist mit Stroh bedeckt, das ist das Nachtlager. Mit meiner Arbeitstruppe suche ich mir einen Platz, wo wir zu viert liegen können. Es ist doppelt so eng wie bisher, und wir beschließen, dass einer von uns immer an der Stelle ist, damit nicht andere den Platz belegen. Dann betrachte ich mir das Außengelände, es ist ziemlich groß. Zur Straße hin steht das französische Verwaltungsgebäude, hinter der Halle ein Schuppen für die deutsche Lagerführung, dann eine Küche mit mehreren riesigen Kesseln. Daraus bekommen wir Gefangenen in den nächsten Wochen jeden Mittag einen Liter Wassersuppe. Hinter einer Wand aus dürren Ästen befindet sich die Latrine, ein Graben, über dem ein Baumstamm quer befestigt ist. Es stinkt infernalisch.

Mir wird klar: Das hier ist ein schlimmer Aufenthalt. Es beginnt dunkel zu werden, ich bin auf dem Weg zum Verwaltungsgebäude, da spricht mich ein Franzose in Zivil an. Beim folgenden Palaver stellt sich heraus, er ist ein Bauer aus der Umgebung, der die Genehmigung hat, dass ein Kriegsgefangener auf seinem Hof mitarbeitet. Er überprüft meine Muskeln und ist sehr zufrieden. Ich bin noch viel zufriedener, weil ich hoffen kann, diesen schrecklichen Ort sofort wieder zu verlassen. Wir gehen in das Büro des diensttuenden französischen Unteroffiziers. Der holt ein Formular heraus und fängt an es auszufüllen. Fragt nach meinem Namen und dann nach meiner Gefangenennummer. Ich habe noch nie etwas von einer Gefangenennummer gehört.

Nach der Genfer Konvention ist jeder Staat verpflichtet, Kriegsgefangene zu registrieren und sie mit Angaben zur Person nach Genf zu melden. Jeder Kriegsgefangene bekommt dann eine Nummer zur Identifikation. Wir wurden in den Hochvogesen niemals registriert.

Der Unteroffizier macht dem Bauern klar, dass er mich nicht mitnehmen kann, weil ich keine Gefangenennummer habe. Er solle sich einen anderen aussuchen. Aber der Bauer will mich und fragt, wann ich eine Nummer bekäme. Antwort: „Montag, spätestens nachmittags.“ Der Bauer schüttelt mir die Hand und geht.

Da es fast schon dunkel ist, gehe ich auf die Halle zu. An der Wand der Halle entdecke ich einen kleinen baufälligen Schuppen; gerade noch lesbar, entziffere ich das Wort: Pfarrer. Ich klopfe an und gehe hinein. Zwei Gefangene sitzen in der Ecke. Es stellt sich heraus, der eine ist evangelischer, der andere katholischer Pfarrer. Ich stelle mich als Katholik vor, der Priester werden will. Die beiden begrüßen mich herzlich, und der katholische Pfarrer sagt: „Da hast du Glück, heute habe ich vom Lagerarzt die Mitteilung bekommen, dass die katholischen Theologiestudenten in einem Sonderlager zusammengezogen werden sollen. Drei Theologen sind schon hier, du bist der vierte. Am Montag kann ich euch anmelden.“

So schnell können sich die Dinge wenden. Dem Bauern, der mich am Montag holen will, muss ich einen Korb geben, weil ich selbstverständlich in das Theologenlager will.

Ich gehe in das triste Strohlager zu meinen Kollegen, und wir legen uns schlafen. Die anderen haben sich inzwischen umgehört und sagen: „Wenn du die Schuhe ausziehst, musst du sie dir am

Knöchel festbinden, sonst sind sie morgen weg." Ich schlafe die erste Nacht im Stammlager in meinen Schuhen.

Lagerleben

In den nächsten Tagen lerne ich das Leben im Lager kennen. Morgens gibt es einen Becher Brühe, der sich Kaffee nennt. Falls man vom Abend vorher noch Brot hat, kann man das dazu essen. Mittags gibt es einen Liter Wassersuppe mit einem Händchen voll Gemüse, Kartoffeln oder anderem. Abends bekommt jeder zweihundertundfünfzig Gramm Weißbrot, dabei müssen sich vier Mann ein Kilogramm Brot aufteilen.

Dieses Brotaufteilen ist eine heikle Angelegenheit, denn wegen des großen Hungers achtet jeder eifersüchtig darauf, dass er genau ein Viertel des Brotes bekommt. Aus Bindfaden und Lattenstücken sind Brotwaagen entwickelt worden, die eine einigermaßen genaue Verteilung ermöglichen. Leider wird bald entdeckt, dass ich ein gutes Schätzvermögen habe, und so muss ich jeden Abend Brot für etwa vierzig Leute schneiden, wiegen und verteilen. Das Schneiden ist nicht einfach, weil ein Kriegsgefangener kein Messer besitzen darf. Ich schneide das Brot mit Büchsenblech. Dann wird gewogen, zunächst jede Hälfte, dann jedes Viertel. Zum Ausgleich werden noch schmale Stücke abgetrennt.

Es gibt auch einen Waschraum, aber kaum einen Gefangenen, der ein Handtuch hat.

Zur täglichen Routine gehört in dem Lager an der oberen Mosel auch die Entlausung. Über Nacht setzen sich die Kleiderläuse in Hautnähe fest, vor allem in den Nähten. Man muss sie jeden Morgen entfernen. An manchen Tagen sind es bis zu hundert, vor allem wenn man sich gegen Abend nicht ein zweites Mal entlaust hat.

Sonst gibt es nichts zu tun. Etwa fünftausend Gefangene laufen in einem mit Stacheldraht umzäunten Gelände herum oder sitzen irgendwo auf dem Boden. Es bilden sich natürlich Gruppen, wegen des Hungers ist der Gesprächsstoff meist das Essen.

Es ist für mich Achtzehnjährigen ein Schockerlebnis, wie die Gefangenen miteinander umgehen. Im Krieg, vor allem an der Front, ist Kameradschaft das oberste Gebot und auch eine allgemeine Erfahrung. Die zweite Eigenschaft, die dem Soldaten hilft, ist die Selbstdisziplin. Beides bricht in der Kriegsgefangenschaft bei vielen in sich zusammen. So ist in dieser Masse von Männern ein Grundvertrauen nicht mehr möglich.

Ich verliere die Kameraden meiner Arbeitsgruppe sehr schnell, weil sie wegen ihrer guten Konstitution das Lager zu irgendeinem Arbeitskommando verlassen können. Durch meinen Kontakt mit den beiden Pfarrern lerne ich aber, Gott sei Dank, schnell andere Kameraden kennen, und wir bilden eine Gruppe, die bewusst dem Absterben der Kameradschaft widersteht.

Raue Sitten herrschen auch bei der deutschen Lagerleitung. Das Hauptvergehen, Kameradendiebstahl, wird hart bestraft. Es wird ein Kreuz in das Kopfhaar des Täters geschnitten, und er muss einen Tag lang ein Schild tragen, auf dem steht: „Ich habe meinen Kameraden bestohlen." Und jeder darf den Betroffenen schlagen.

Ich bekomme etwas zu tun

Durch den Pfarrer erfahre ich, dass ein rumänischer Arzt, den der Krieg nach Frankreich verschlagen hat, sich der kranken Gefangenen annimmt, die es in großer Zahl gibt. Er bringt auch manchmal Hostien und Messwein ins Lager, die er beim Pfarrer des Ortes bekommt. Dann kann der Lagerpfarrer eine Messe feiern. Ich kümmere mich dabei um den Gesang. Dabei lerne ich zwei Gefangene kennen, die Berufsmusiker sind. Das ist für mich ein Segen, denn wir sitzen nun jeden Vormittag zu dritt zusammen und „studieren" Musikwissenschaft. Ich lerne viel dazu in Harmonielehre und Satztechnik, zunächst ohne ein Blatt Papier.

Der Arzt wird auf mich aufmerksam und bittet mich, die Impfungen, die er vornimmt, zu dokumentieren. Ich hüte mich aber, in den Schuppen zu gehen, wo die Kranken auf Stroh liegen, wegen der vielen ansteckenden Krankheiten.

Auf diese Weise komme ich auch zu Papier, auf das ich dann schreiben kann, was ich in der Musik gelernt habe. Inzwischen habe ich einen Bleistift organisiert, den ich mit Hilfe des Messers, das der Arzt besitzt, spitzen kann.

Das Einzige, was kurioserweise ohne Schwierigkeiten vonstattengeht, ist die Verteilung von Tabak nach der Genfer Konvention. Jedem Gefangenen steht wöchentlich ein bestimmtes Quantum zu. Der Tabak wird im Lager zur Währung für alle Tauschgeschäfte. Ich kaufe mir ein Paar Schuhe für vier Päckchen Tabak und ein Unterhemd, das ich dringend brauche, für ein halbes Päckchen. Wo das alles herkommt, darf man nicht fragen. Gewiss sind französische Soldaten daran beteiligt.

Ein Jahrhundertgespräch zwischen zwei Achtzehnjährigen

Die deutsche Lagerleitung hat einen schlechten Ruf. Einer sagt mir: „Das sind Antifa-Leute. Die schikanieren uns alle." Ich frage: „Was bedeutet Antifa?" Antwort: „Das weiß ich nicht." Irgendwie ist diese Lagerleitung auf mich aufmerksam geworden, vielleicht durch meine Künste beim Brotverteilen. Denn eines Tages kommt ein junger Gefangener, wie sich herausstellt, achtzehn Jahre alt, also so alt wie ich, und sagt: „Ich komme von der Lagerleitung und soll mit dir sprechen, ob du mit uns zusammenarbeitest." Ich frage: „Stimmt es, dass ihr euch Antifa nennt, und was bedeutet das?" Er lacht und sagt: „Antifa heißt Antifaschismus. Wir sind Gegner Hitlers." Ich sage: „Hitler war doch kein Faschist, das war Mussolini. Über den haben wir immer gelacht. Hitler war ein Nationalsozialist." Er sagt: „Wir sind Kommunisten und können es uns nicht leisten, dass das Wort Sozialismus auf unsere Feinde angewendet wird, weil wir die wahren Sozialisten sind." Ich frage: „Wenn du Kommunist bist, wie stehst du dann zu Stalin?" Er sagt: „Er ist der große Führer des Sozialismus." Ich wende ein: „Aber er ist doch auch ein Diktator." Antwort: „Die Diktatur des Proletariats ist notwendig, um die Menschen zu befreien. Erst im Kommunismus wird alles gut."

Das Gespräch dauerte noch etwas länger, aber das Wichtigste war gesagt, und ich konnte natürlich keine Mitarbeit in dieser Lagerleitung zusagen.

Nach meiner Entlassung aus der Gefangenschaft begriff ich, dass das Wort Antifaschismus ein kluger Schachzug der Kommunisten mit Jahrhundertwirkung war. Jedenfalls ist der größte Teil der deutschen Journalisten darauf hereingefallen. Antifaschismus klingt so positiv, dass die Inhumanität des Kommunismus, selbst für intelligente Menschen, vernebelt wird. Diese Vernebelung ist kein Ruhmesblatt der deutschen Nachkriegsgeschichte.

Eine Suppe

Eines Tages, Anfang Mai, riecht es gegen Mittag nach heißem Essig. Tatsächlich gibt es als Mittagessen einen Liter Wassersuppe, wie jeden Tag. Die Einlage besteht diesmal aus einer Handvoll Rote-Bete-Stücke, dazu ein Schuss Essig. Es riecht und schmeckt grauslich.

Ich würge meine Suppe hinunter, andere können das trotz ihres großen Hungers nicht, und so bleibt zum ersten Mal Suppe übrig und es wird verkündet: „Alle Gefangenen unter neunzehn Jahren können noch einen Liter Suppe bekommen." Ich überwinde meinen Ekel, hole mir den Liter und würge auch ihn hinunter.

Danach geht es mir ziemlich schlecht. Den ganzen Tag spüre ich, dass sich in meinem Bauch irgendein Kampf abspielt. Auch das Brot am Abend hilft nicht viel. Aber ich schlafe wenigstens auf dem Stroh ein.

Ende des Krieges

Am nächsten Morgen ist es mir immer noch schlecht. Ich kann mich kaum auf den Beinen halten.

Irgendwann ertönen Pfiffe, und wir müssen in einer großen Kolonne antreten. Ich stehe in der ersten Reihe. Der französische Kommandant des Lagers erscheint in großer Begleitung und verkündet in deutscher Sprache: „Der Krieg ist zu Ende, Deutschland ist besiegt ..." Mehr verstehe ich nicht, denn mir wird schwarz vor den Augen, ich werde ohnmächtig und falle um.

Als ich wieder erwache, liege ich in der Wachstube der französischen Soldaten, offenbar bin ich mit bestem Cognac aufgeweckt worden, das schmecke ich in meinem Mund, und dann werde ich verhört, denn es besteht der Verdacht, dass ich aus Trauer über die Niederlage Deutschlands ohnmächtig geworden bin. Sie lachen nur über meine Aussage, dass die Rote-Bete-Suppe schuld sei.

Ich weiß genau, dass mir die Erschießung droht, und verlange, dass man den Pfarrer und den Arzt als Zeugen holt. Gott sei Dank tun die Franzosen das. Die beiden verbürgen sich für mich. Zum Glück mischt sich niemand von der deutschen Antifa-Lagerleitung ein.

So komme ich nach etwa zwei Stunden wieder frei. Der Cognac hatte meinen Magen offenbar wieder gesund gemacht, und ich brauche also nicht in den Schuppen, wo die Kranken liegen, denn dort ist man zu achtzig Prozent ein Todeskandidat.

Ein Selbstmord

Inzwischen hat sich eine Gruppe gebildet, die den Kameraden hilft, die am Durchdrehen sind. Zu dieser Gruppe gehören wir künftigen Theologen und eine Reihe aufrechter Feldwebel und Unteroffiziere. Was wir tun, nennt man später Gesprächstherapie.

Ich kümmere mich zum Beispiel mit einem anderen zusammen um einen Kameraden, der später ein bekannter Mitarbeiter des Südwestfunks wird. Er lässt alle Flügel hängen, entlaust sich nicht und wäscht sich nicht und könnte so elend zugrunde gehen.

Ende Mai taucht völlig überraschend ein neuer Gefangener auf, obwohl der Krieg bereits zu Ende ist. Offensichtlich ist er völlig verstört. Etwa ab Nachmittag werden wir auf ihn aufmerksam und sprechen ihn an.

Nach einiger Zeit beginnt er zu erzählen: Er war im Russland-Feldzug eingesetzt, geriet in Kriegsgefangenschaft und war in einer ziemlich hoffnungslosen Lage, wie die meisten im Osten. Aber dann rettete er bei einem Arbeitseinsatz einem hohen russischen Offizier das Leben, indem er ihn an einem Felssturz wegriss, als sich ein großer Stein löste.

Der Dank des Offiziers bestand darin, dass er dem Gefangenen einen Entlassungsschein organisierte. Allerdings musste sich der Kamerad seinen Weg nach Deutschland selber suchen. Das gelang ihm. Mehrmals wurde er unterwegs kontrolliert, man ließ ihn aber jedes Mal weiterziehen. So kam er in die amerikanische Besatzungszone, er dachte, jetzt sei er frei und es gehe ihm gut. Sowohl die Amerikaner wie auch die Deutschen waren freundlich zu ihm. Seine Heimat lag in der französischen Zone. Er kam ohne Schwierigkeiten über die Zonengrenze. Dann erblickte er seine Heimatstadt.

Zwanzig Meter vor seinem Elternhaus hielt ihn eine französische Doppelstreife an, er zeigte seinen Entlassungsschein und der wurde von den Soldaten requiriert. Er wurde verhaftet, zum Kriegsgefangenen erklärt und landete nach etwa einer Woche bei uns, an der französischen Mosel, im Gefangenenlager.

Wir sind natürlich erbost über diese Geschichte. Wir versuchen, den Mann zu trösten und sagen zu ihm: „Das Büro ist schon zu, aber morgen früh sorgen wir dafür, dass du entlassen wirst und nach Hause darfst. Der Pfarrer und der Doktor werden dir helfen." Er zeigt kaum eine Reaktion. Da es schon dunkel geworden ist, legen wir uns schlafen, und er legt sich auch irgendwo ins Stroh.

Am nächsten Morgen finden wir ihn erhängt im Waschraum. Hätten wir das gewusst, hätten wir eine Nachtwache organisiert. Wir alle brauchen eine lange Zeit, bis wir dieses Erlebnis verkraften können.

Warten, warten, warten

Mitte Mai 1945 sind wir noch ungefähr dreitausend Gefangene im Stammlager Nr. 201. Es gibt fast für niemanden etwas zu tun. Ich habe wenigstens die Gespräche über Musikwissenschaft, und für den Arzt registriere ich die Impfungen. Das medizinische Material hat er vom Internationalen Roten Kreuz bekommen. Die meisten Gespräche unter den Gefangenen drehen sich um das Essen, weil wir alle Hunger haben, der niemals gestillt ist.

Ein anderes Problem bedrängt auch alle. Keiner von uns hat Kontakt mit irgendjemandem zu Hause. Viele von uns stammen aus Ostdeutschland und müssen fürchten, dass ihre Verwandten geflohen oder umgekommen sind. Nach Kriegsende haben alle die Hoffnung, wenigstens eine Postkarte schreiben zu können, weil ja die zu Hause auch nicht wissen, ob wir noch leben und wo wir leben. Aber die Verhältnisse sind noch so zerrüttet, dass es keine Möglichkeit gibt, Nachrichten zu schreiben.

Ende Mai gibt es ein großes Ereignis. Ein Bus des IRK[2] fährt ins Lager. Wir müssen uns alle im östlichen Teil des Lagers versammeln, dann wird der westliche Teil eingesprüht. Aus der Lagerhalle wird alles Stroh entfernt und auf einem Haufen in einer Ecke verbrannt. Das heißt: Eine Entlausungsaktion ist in Gang gesetzt worden.

Nachdem der Westteil des Lagers so vorbereitet ist, müssen wir alle einzeln in den Bus, uns ausziehen. Die Kleider werden durch Hitze entlaust, und jeder von uns muss unter eine Dusche.

Das dauert fast den ganzen Tag. In den nächsten Tagen stellt sich heraus, dass es eine wirksame Aktion war. Wir brauchen uns nicht mehr täglich zweimal zu entlausen.

Spezialist

Wir warten, wie gesagt, auf unsere Abreise ins Theologenlager. Inzwischen sind wir fünf. In irgendeinem Büro werden unsere Anträ-

2 Internationales Rotes Kreuz.

ge offenbar noch einmal überprüft, und dabei ergibt sich für mich eine Schwierigkeit. Ich werde ins Büro vorgeladen. Man sagt mir, ich könne nicht ins Theologenlager fahren, weil ich kein Student sei. In meiner Akte stehe als Beruf: „Spezialist".

Das war so gekommen: Am ersten Abend, als wir registriert wurden, stand einer vor mir, der als Beruf angab, Schüler zu sein, wie ich ja auch. Der französische Unteroffizier entschied: „Den Beruf gibt es nicht!" Ein älterer Gefangener sagte zu dem jüngeren: „Sag doch Landwirt, dann kommst du am schnellsten hier heraus."

Ich sagte zu den Wartenden, die um mich standen: „Ich bin auch Schüler." Da erwiderte einer: „Sag doch, du bist Spezialist, das akzeptieren die." Als ich drankam, sagte ich „Spezialist", und der Unteroffizier schrieb das in meine Akte.

Jetzt soll ich also nicht studieren dürfen, weil ich „Spezialist" bin. Aber mit Hilfe eines französischen Soldaten im Büro, der aus dem Elsass stammt, erreiche ich, dass ich doch auf der Liste bleiben darf. Zum ersten Mal erlebe ich, dass ein ganzes Büro voller Soldaten lacht über den Beruf „Spezialist".

II. In Orléans

Die Fahrt nach Orléans

Die Zeit tröpfelt dahin. Am 1. Juni werde ich neunzehn Jahre alt. Endlich kommt am 18. Juni für uns fünf der Marschbefehl. Am 19. Juni morgens fahren wir in einem kleinen Lastwagen, begleitet von einem Soldaten, die Mosel entlang nach Süden. In Belfort steigen wir in einen Zug. Ein Abteil ist für uns reserviert. Der Vorhang zum Gang muss zugezogen werden, und wir dürfen nicht zum Fenster hinausgucken, das ist aber zu unsrem Schutz.

Beim Einsteigen in den Zug bekommt Gerhard, der Schwächste unter uns, einen Faustschlag mitten ins Gesicht. Begleitet von dem Ruf: „Du deutsches Schwein!"

Welche Strecke wir fahren, bekommen wir nicht heraus. Ich lese zu Anfang der Fahrt den Namen Besançon. Nach langer Fahrt hält der Zug in einem kleinen Bahnhof. Unser Soldat sagt: „Paris", und wir müssen aussteigen. Wir werden in einen kleinen Schuppen geführt, aber auf dem Weg dorthin gibt es wieder Schläge von wütenden Franzosen. Jeder von uns bekommt etwas ab.

Bald darauf steigen wir in einen anderen Zug und fahren nach Süden bis Orléans. Dort am Bahnhof wieder das Spießrutenlaufen zu einem größeren Auto. Und dann die Fahrt in die Stadt.

Das Gefangenenlager Nr. 51, in das wir eingeliefert werden, liegt mitten in der Großstadt Orléans. Es ist eine frühere Kaserne, drei Stockwerke hoch. Uns empfängt dieselbe Atmosphäre wie im Stammlager 201.

Wir werden in ein Büro geführt, dort von deutschen Gefangenen registriert und dann in den obersten Stock geschickt, wo sich das „Stacheldraht-Seminar“ befindet.

Das Stacheldraht-Seminar

Wir befinden uns im dritten Stock einer heruntergekommenen Kaserne. Zwei Leute begrüßen uns und führen uns in einen Raum, in dem einige Tische und Bänke stehen. An den Tischen sitzen Kriegsgefangene, die uns mit den Worten empfangen: „Aha, da kommen Neue.“ Dann betritt ein Mann in Soutane den Raum und stellt sich als Leiter des Seminars vor. Es ist Abbé Franz Stock, von dem wir später noch viel erfahren werden. Darauf werden wir nach unseren Personalien befragt, nach der Heimatdiözese oder dem Orden, dem wir angehören, und nach dem Stand unserer Studien.

Ich bin gerade neunzehn Jahre alt geworden, habe aber noch kein Abitur. Mir wird gesagt, dass ich die Vorlesungen in Philosophie hören soll. Jeder von uns bekommt ein Schreibheft und einen Bleistift als Grundausstattung für das Studium. Dann werden wir in einen größeren Raum geführt, der angefüllt ist mit Holzgestellen und Strohsäcken. Jeder bekommt ein Bett angewiesen. Am Kopfende ist ein flaches Brett, auf das man seine Habseligkeiten legen kann.

Plötzlich ertönt ein schrilles Signal und es heißt: „Wir müssen runter zum Appell.“ So gehen wir sechs Treppenabschnitte nach unten auf den Platz zwischen den Kasernenbauten, müssen uns in Formation aufstellen und strammstehen, da ein Mitglied der deutschen Lagerleitung kommt. Irgendetwas wird bekannt gegeben. Und dann heißt es wegtreten.

Diese „Zeremonie“ findet in den kommenden Wochen täglich zwei- bis viermal statt, und zwar ohne Vorankündigung. Deshalb müssen wir Vorlesungen, Gottesdienste und anderes immer wieder unterbrechen.

In unserem Theologenstockwerk sind wir etwa fünfzig Leute, neben Abbé Stock noch vier Dozenten, die ebenfalls Kriegsgefangene sind, und vierzig Studenten. Es kommt aber jeden Tag etwa ein halbes Dutzend dazu, sodass wir Anfang Juli hundert Insassen zählen, bis Mitte August bei der Verlegung nach Chartres sind es hundertundzwanzig.

Frühstück, Mittagessen und Abendessen können wir gemeinsam in unserem Stockwerk einnehmen. Einige von uns müssen die Sachen von unten heraufschleppen. Menge und Qualität der Verpflegung sind noch geringer als in den Vogesen, und alle haben einen riesigen Hunger.

Studium trotz allem

Am 22. Juni beginnt mein Theologiestudium. Von 8:15 Uhr bis 11:15 Uhr sind Vorlesungen, von 14:00 bis 17:00 Uhr Studienzeit. Bei Paul Wenzel, der in Rom Philosophie und Theologie studiert hat, aber selbst noch keine Dozentenprüfung abgelegt hat, höre ich die erste Vorlesung in Philosophie. Ich verstehe kein Wort und denke, dass ich für das Theologiestudium zu dumm bin, aber die anderen trösten mich und sagen: „Nach ein paar Tagen verstehst du mehr."

Gleich am ersten Tag kommt am Nachmittag ein junger französischer Offizier, Abbé Joseph Johner. Er bringt Schreibhefte und anderes Material mit. Da sind auch einige Bücher dabei, und es stellt sich heraus, dass er Priester der Diözese Straßburg ist. Er ist seit einigen Tagen von der Militärbehörde als Mittelsmann eingesetzt. Bis zum Ende des Seminars im Juli 1947 hat er diese Aufgabe. Wir können ihm nicht genug dankbar sein.

Abbé Johner versucht auch, unsere Verpflegung aufzubessern, was offenbar sehr schwierig ist. Zumal alles durch das Lager transportiert werden muss, in dem sich eine große Zahl von Gefangenen befindet, die alle Hunger haben.

Eine Gemeinschaft wächst

Das Schönste für mich in diesen ersten Tagen ist das Erlebnis dieser Theologengemeinschaft. Zum Soldatsein gehört ja die Erfahrung der Kameradschaft, vor allen Dingen im Einsatz an der Front muss man sich aufeinander verlassen können. In der Kriegsgefangenschaft leidet diese Kameradschaft sehr. Umso schöner ist für mich der Aufenthalt in Orléans. Die Not, die wir ertragen müssen, macht uns nicht zu Konkurrenten, sondern zu Brüdern. Es hängt natürlich auch damit zusammen, dass wir Christen sind, die Priester werden wollen.

Als Kriegsgefangener hat man darunter zu leiden, dass man Tag und Nacht auf engem Raum mit stets denselben Leuten zusammen ist, und meistens hat man nichts zu tun. Nun ist es trotz der gleichen äußeren Umstände ein Vorteil, immer mit denselben Leuten zusammen zu sein, weil man ein gemeinsames Ziel hat und die Gespräche immer fruchtbarer werden.

Ein Zahn wird gezogen

Einige Tage nach der Ankunft in Orléans bekomme ich leichtes Zahnweh. Es wird nach einigen Tagen so stark, dass ich es kaum aushalten kann. Einer, der schon länger da ist, sagt mir, dass es im Lager einen deutschen Zahnarzt gebe. Das ist schwer zu glauben, weil Ärzte ja immer Offiziere sind und als Kriegsgefangene niemals in Mannschaftslager kommen. Ich erkundige mich im Lagerbüro, und man sagt mir, es gebe einen Dentisten, der Zahnbehandlungen vornehme. Er habe von der Lagerverwaltung auch ein Behandlungszimmer erhalten.

Ich finde das Zimmer nach der Beschreibung, die ich bekommen habe, treffe den Dentisten mit zwei Helfern an und werde sofort behandelt. Er schaut sich meinen Kiefer an und sagt, das Einzige, was er für mich tun könne, sei, mir den kranken Zahn zu ziehen. Wenn es danach zu einer Entzündung komme, müsse ich zum Lagerarzt. Betäubungsmittel habe er auch keine, ich müsse halt die Schmerzen ertragen.

Einer der Helfer hält meinen Kopf fest, der andere hält mir den Mund auf, der Dentist ergreift eine Zange, gewiss nicht desinfiziert, packt damit meinen Zahn und reißt ihn heraus. Es ist ein großer Schmerz, aber nur kurz. Der Zahnschmerz ist sofort verschwunden. Es folgen noch einige gute Ratschläge.

Zehn Minuten später liege ich auf meinem Bett, einige Schmerzen im Backen, aber viel Hunger im Magen, denn essen kann ich an diesem Tag nichts. Am nächsten Tag esse ich eine dünne Suppe, weil ich noch nichts Festes kauen kann. Aber das Wichtigste ist, dass es an der Wunde im Kiefer keine Entzündung gibt.

Wir wollen aufgeben

Ungefähr eine Woche später sitzen wir zu zehnt um einen Tisch, die meisten aus älteren Semestern. Es geht uns allen schlecht wegen des Hungers. Mir zum Beispiel passiert es, wenn ich ein Buch in die Hand nehme und etwas lesen will, dass die Buchstaben rotieren und Funken sprühen. Das kann nur eine Folge der Unterernährung sein.

So beschließen wir, einen Brief an Regens Stock abzufassen, mit der Bitte, die Arbeit des Seminars zunächst zu beenden und uns Arbeitskommandos zu besorgen, außerhalb des Lagers, weil man dort ja verpflegt werde. Unser Schlusssatz lautet: „Verhungerte Theologiestudenten nützen Deutschland gar nichts."

Am nächsten Tag werden wir zusammengerufen, der Regens erscheint und hält eine Rede, die in dem Satz gipfelt: „Wir arbeiten weiter, auch wenn es auf die Knie geht!" Abbé Johner sagt, er wolle versuchen, noch mehr Zusatzverpflegung zu organisieren. Ein Frauenkloster in Orléans hat sich bereiterklärt, Spenden zu vermitteln.

Regens Franz Stock

Zwei Tage später ist unser Regens Franz Stock der Erste, der in die Knie geht. Er hat einen Zusammenbruch, der ihn ins Bett zwingt.

Abbé Franz Stock, ein Priester aus der Diözese Paderborn, hatte im Jahr 1934 die Seelsorge in der deutschen Gemeinde von Paris übernommen. Er wird vor Kriegsbeginn 1939 zurückbeordert, geht nach dem Frankreichfeldzug aber wieder nach Paris zurück. Als „Nebenamt" betreut er in drei großen Gefängnissen von Paris die Insassen. Zu denen gehören viele Widerstandskämpfer, die durch die Deutschen verhaftet wurden. Mehr als tausend von ihnen bereitet er auf die Hinrichtung vor, verbringt die letzte Nacht mit ihnen in der Zelle und begleitet die meisten zur Hinrichtung. Er hält auch Verbindung mit den Angehörigen der Opfer und verletzt dabei ständig die Vorschriften der deutschen Besatzungsmacht.

Nach dem Krieg werden die noch lebenden Widerstandskämpfer freigelassen, und sie erinnern sich an den deutschen Priester, der so viel Gutes getan hat. Ungefähr gleichzeitig kommt die Idee auf, die kriegsgefangenen Theologen in einem Lager zu sammeln, um ihnen das Studium früher zu ermöglichen, damit sie für Deutschlands Umerziehung zur Verfügung stehen.

Bei der Suche nach einem Leiter dieses geplanten „Stacheldraht-Seminars“ erinnert man sich sehr schnell an Abbé Stock. Man sucht nach ihm und findet ihn im amerikanischen Kriegsgefangenenlager Cherbourg. Die Amerikaner geben ihn frei, und er übernimmt trotz seiner sehr geschwächten Gesundheit das Seminar im Lager 51 in Orléans.

Nach Auflösung des Seminars in Chartres im Frühjahr 1947 bleibt er in Paris zurück, stirbt aber bereits Anfang des Jahres 1948. Er ist 43 Jahre alt.

Nun liegt er also Anfang Juli 1945 in Orléans auf seinem Strohbett.

Gottesdienste

Im Lager 51 gibt es im Parterre des Gebäudes, in dem wir untergebracht sind, eine Kapelle. Dort kann das Seminar seine Gottesdienste halten. Diese sind zunächst sehr einfach und schmucklos. In den Tagen meiner Ankunft hat Abbé Stock es gerade fertiggebracht, vierzig Exemplare des Liederbuchs *Kirchenlied* aus seiner früheren Residenz in Paris nach Orléans bringen zu lassen. Da ich das *Kirchenlied* seit 1938 kenne und sehr schätze, beteilige ich mich sofort an der gesanglichen Vorbereitung unserer Gottesdienste. Zu meiner Überraschung gibt es Streit wegen der Verwendung des *Kirchenlieds.*

Man muss wissen, dass dieses Liederbuch bei seinem Erscheinen von konservativen Leuten, vor allem aus dem Cäcilien-Verband, abgelehnt wurde mit der Begründung: „Es enthält zu viele evangelische Lieder“, aber es hatte sich vor allen Dingen in Jugendgruppen weit verbreitet.

Eine Abstimmung entscheidet mit übergroßer Mehrheit für die Verwendung des Buches in unserem Gottesdienst.

Am 29. Juni, dem Fest Peter und Paul, können wir mit Hilfe unserer französischen Freunde zum ersten Mal ein feierliches Hochamt gestalten. Der zweite Gottesdienst dieser Art findet dann an Mariä Himmelfahrt statt, kurz vor der Übersiedlung nach Chartres.

Gemeinsame Gebetsgottesdienste, die ja für ein Priesterseminar normal sind, können sich nur langsam entwickeln. Wir schreiben einige Psalmen ab, die wir gemeinsam beten können.

Hoher Besuch misslingt

Ein Kriegsgefangener lebt in unüblichen Verhältnissen, daher gibt es in jedem Gefangenenlager viele Gerüchte und seltsame Meinungen, die die Runde machen. Sie betreffen vor allem zwei Hauptpunkte: die Heimkehr und die Verpflegung.

Das ist bei uns nicht anders. Es wird zum Beispiel auch erzählt, dass der Bischof von Orléans uns besuchen wolle. Dann heißt es wieder, er habe es abgelehnt, uns zu helfen, weil er die Deutschen nicht möge. Und dann kommt das Gerücht auf, dass der Apostolische Nuntius, also der Vertreter des Papstes, uns besuchen möchte.

Im Sommer 1945 gibt es in Frankreich einige sehr heiße Tage. An einem dieser Tage schaue ich zum Fenster des Schlafsaals hinaus, hinunter auf die Straße von Orléans. In meinem linken Gesichtsfeld ist der Eingang des Lagers 51 zu sehen. Viel Stacheldraht und mehrere Soldaten, die bewaffnet sind.

Da biegt ein relativ großes Auto von der Seitenstraße ein und fährt auf den Eingang unseres Lagers zu. Der Chauffeur und sein Beifahrer springen heraus. Der eine öffnet die hintere Tür, und es steigt ein sehr korpulenter Mann aus. Er trägt eine Soutane und einen violetten Pileolus, also die Kopfbedeckung eines Bischofs. Ich bin natürlich elektrisiert. Es entwickelt sich eine Diskussion mit den Wachsoldaten, die ich natürlich nicht verstehe. Die Diskussion geht hin und her, und dann kommt eine Person, offenbar ein Offizier, aus dem Eingang auf den Bischof zu und diskutiert mit ihm. Ich erkenne in ihm den Lagerkommandanten.

Der Bischof und der Lagerkommandant debattieren mit kräftigen Handbewegungen. Nach drei bis vier Minuten wendet sich der Lagerkommandant um und verschwindet im Eingang des Lagers. Der Bischof steigt wieder in sein Auto und fährt ab.

Später erfahren wir, dass Nuntius Roncalli[3] uns besuchen wollte, der Lagerkommandant dies aber mit der Begründung ablehnte, ausländische Diplomaten hätten niemals Zutritt zu einem Kriegsgefangenenlager.

3 Angelo Giuseppe Roncalli (1881–1963), 1944 Apostolischer Nuntius in Frankreich, 1953 Patriarch von Venedig und Kardinal, 1958 Papst Johannes XXIII.

Sacrifice

Anfang Juli erscheint ein hoher französischer Offizier. Wir werden zusammengerufen, Abbé Stock stellt uns Oberst Laurent Gourut vor, er ist Kommandant des Gefangenenlagers Nr. 501 in Chartres.

Gourut ergreift das Wort und hält eine lange Ansprache auf Französisch. Ich verstehe kein Wort. Mir fällt auf, dass immer wieder das Wort „sacrifice“ besonders eindringlich gesagt wird. Da ich Latein kann, weiß ich, dass dieses Wort „Opfer“ bedeutet.

Nach seiner Ansprache verlässt uns Oberst Gourut, gefolgt von Abbé Stock und den Dozenten. Einer, der gut Französisch kann, erklärt uns, der Oberst habe gesagt, wir seien als Deutsche ja mit schuld an den beiden Weltkriegen und müssten deswegen Opfer bringen, also „sacrifices“. Aber wichtiger sei, dass wir Priester werden wollten, und dafür sei es ja gut, wenn wir lernten, Opfer zu bringen. Deswegen sollten wir die Schwierigkeiten der Kriegsgefangenschaft hinnehmen, dann würden wir gute Christen.

Unsere Reaktion: Der hat leicht reden. Er hätte uns ja etwas zu essen mitbringen können oder wenigstens ein Paar Schuhe oder Jacken.

Aber wir haben uns in dem Mann getäuscht. Oberst Gourut sieht unsere Not und schlägt vor, dass unser Seminar in sein Kriegsgefangenenlager, in den Block 1 verlegt wird.

Atombombe

In einem Kriegsgefangenenlager ist man von allen Informationen abgeschnitten. Man weiß nicht, was in der Welt vorgeht, deshalb gibt es immer Gerüchte. Man hat keine Ahnung, was wahr ist und was nicht. Bedrängender für uns ist allerdings, dass wir zu unseren Familien keinerlei Kontakt haben. Keiner von uns weiß, wie es seinen nächsten Verwandten geht. Ich zum Beispiel bekomme die erste Nachricht von zu Hause am 22. November 1945. Andere haben mehr Glück, und manche erhalten überhaupt keine Nachricht.

Am 6. August 1945 heißt es: „Die Amis haben eine Atombombe abgeworfen.“ Das führt zu heftigen Diskussionen in zwei Richtungen: Ist es ein Gerücht oder stimmt es? Und was ist eine Atombombe? Die meisten haben noch nie etwas von Atombomben gehört. Am späten Nachmittag kommt Abbé Johner. Er hat natürlich Radio gehört und Zeitung gelesen. Er erklärt uns, was wirklich passiert ist. Wir begreifen alle, dass die Gefahr für die Menschheit mit dem Ende des Krieges in Europa nicht zu Ende ist.

Aristoteles fasziniert mich

In einer Minute werde ich ein begeisterter Philosoph. Drei Begriffe tauchen in der Vorlesung auf, deren Zusammenhang mich seit meiner Kindheit beschäftigt. Bei einem Klassenausflug, ich war zwölf Jahre alt, fuhren wir in Frankfurt mit der Straßenbahn am Opernhaus vorbei. Ich las die Inschrift: „DEM WAHREN, SCHÖNEN, GUTEN". Ich dachte damals: „Wahr" und „gut" sind christliche Begriffe. Sicher hat Goethe, der ja Frankfurter war, das „Schöne" hinzugefügt. Seltsamerweise habe ich diese Dreierkombination immer im Kopf gehabt, weil das Schöne mich immer fasziniert hat. Ich komme aus einer Familie von Bildhauern und Musikern, und einer meiner frühesten Bekannten ist Mozart.

Nun erfahre ich in einer Vorlesung in Orléans, dass der griechische Philosoph Aristoteles drei „Universalien" des Seins kennt: Alles Seiende ist wahr, alles Seiende ist gut, alles Seiende ist schön. Thomas von Aquin hat das übernommen. Für mich wird es zum vitalen Einstieg in das Denken über Gott und die Welt. Natürlich kommt der Einwand: Es gibt auch die Lüge, es gibt das Böse, es gibt das Hässliche. Aristoteles antwortet darauf: Diese drei sind Fehler am Seienden.

Es ist schon seltsam: Mitten in dieser Situation von Gefangenschaft, Not und Hunger lassen mich die Gedanken nicht los. Ich merke, dass die Kriegsjahre vorher zwar aufregend waren, dass es aber eine gewisse Unterentwicklung des Denkens gab.

III. In Chartres

Wir fahren nach Chartres

Mitte August 1945 hat das Stacheldraht-Seminar etwa hundertundzwanzig Insassen, alles ist furchtbar beengt. Dann kommt die Meldung, dass wir in das Lager 501 drei Kilometer südlich von Chartres verlegt werden. Es wird von Kommandant Gourut geleitet, der uns kürzlich besucht hat. Am 15. August, dem Fest Mariä Himmelfahrt, haben wir einen feierlichen Gottesdienst. Wir nehmen gerne Abschied von Orléans.

Am 17. August 1945 verlassen wir mit Sack und Pack, das ist nicht viel, das Lager Nr. 51. Auf einem Bahnhof werden wir in drei Güterwagen „verladen", die oben offen sind, aus denen man aber neben dem Himmel nur Bäume und große Gebäude sieht. Unterwegs gibt es einige kleinere Zwischenfälle, wenn wir unter Straßenbrücken hindurchfahren. Wir tragen ja verschlissene Uniformen, und Leute, die uns sehen, beschimpfen uns. Manche werfen auch Gegenstände nach uns. Aber es geschieht nichts Schlimmes.

Irgendwo werden wir ausgeladen. Wir marschieren zum Lager 501. Das ist ein riesiges Areal für vielleicht fünfzigtausend Gefangene. Aber wir sehen nicht viel, weil wir gleich in den Block 1 geführt werden. Er ist unsere Heimat für fast zwei Jahre. Auf dem Gelände steht ein großes Betongebäude. Davor ein Platz fast doppelt so groß wie ein Fußballfeld. Daran angrenzend mehrere Baracken. In der größten ist die Küche, in den anderen werden später die Krankenstation, die Bibliothek, Werkstätten und Büros eingerichtet.

Wir werden in das große Betongebäude geführt, zuerst in einen großen Schlafraum mit hunderten von dreistöckigen Holzgestellen, die unsere Betten sein werden. Die andere Hälfte der Halle ist zweigeteilt. Der eine Teil wird unsere Kapelle, der andere Speisesaal, Vorlesesaal, Aufenthaltsraum und Festsaal.

Gerade sind wir dabei, in einem Viertel des großen Raumes die Betten zu verteilen. Jeder bekommt einen Sack, der mit Seegras gefüllt ist, ein ebensolches Kissen und eine Wolldecke der amerikanischen Armee. So erfahren wir, dass das Lager ursprünglich von den Amerikanern eingerichtet wurde. Da werden wir auf einem freien Platz zusammengerufen, und Oberst Gourut begrüßt uns in seinem Lager. Für uns ist das im Vergleich zu Orléans eine große Erleichterung, zu wissen, dass der Kommandant uns gerne aufgenommen hat.

Der Bischof von Chartres besucht uns

Die erste Nacht haben wir hinter uns. Die Betten sind schon sehr seltsam. Aber wir werden uns daran gewöhnen. Das Frühstück ist eine Überraschung. Die Küche im Block 1 ist nur für uns da. Die Köche sind kriegsgefangene Ordensbrüder. Wir werden zwar nicht satt, aber es schmeckt alles besser.

*Jenseits des Stacheldrahts:
Die Türme der Kathedrale von Chartres in der Ferne.
Aufnahme von 1951; zu Zeiten des Gefangenenlagers
war der Stacheldrahtzaun dreireihig verstärkt.*

Vor der Leitung, der französischen und der deutschen, steht die Aufgabe, aus dem vorhandenen Block 1 ein Priesterseminar hinter Stacheldraht zu machen. So versucht man herauszubekommen, ob unter uns Leute mit handwerklichen Fähigkeiten sind. Es finden sich nur wenige unter den 120 Seminaristen. Aber alle sind durch den Hunger körperlich ziemlich schwach.

Mitten in diesen Überlegungen kommt einer der Dozenten und fordert uns auf, uns in der Nähe des Eingangs zu versammeln. Wir gehen dorthin, die Stacheldrahttür zu unserem Block öffnet sich und ein violett gekleideter Priester, begleitet vom Kommandanten und mehreren Klerikern, betritt das Gelände. Es ist der Bischof von Chartres, Harscouët[4], der uns gleich am ersten Tag besucht.

Der Bischof wird begrüßt und ergreift das Wort. Sein erster Satz: „Mes chers enfants – meine lieben Kinder!" Dies ist eines der unvergesslichsten Ereignisse meines Lebens. Es ist ja nur wenige Wochen her, dass der Krieg zu Ende ist. Und da spricht einer die alten Feinde in dieser Weise an: meine lieben Kinder.

Wir sind von nun an in Chartres irgendwie zu Hause, zumal der Bischof sich weiter um uns kümmert. Trotz des großen Mangels in

4 Raoul Harscouët (1874–1964), Bischof von Chartres seit 1926.

Frankreich besorgt er in der Zukunft einige Lebensmittel, auch Bücher und Schreibmaterial. Sein Sekretär, der immer ein fröhliches Gesicht zeigt, besucht uns in der kommenden Zeit recht häufig.

Semesterferien

Es ist Sommer, und wir haben Semesterferien, aber es könnten ohnehin keine Vorlesungen gehalten werden, denn der Block 1 ist praktisch noch ein Rohbau. Ursprünglich enthielt er vierstöckige Betten für zweitausend Kriegsgefangene. Für uns sind inzwischen von Insassen des Gefangenenlagers dreistöckige Betten hergestellt worden. Aus den übrigen Brettern hat man Tische und Bänke gemacht.

Der Großteil der alten Betten steht noch herum und muss noch entsprechend umgebaut werden. Außerdem sind in die große Halle Wände einzuziehen, damit Kapelle, Gemeinschaftsraum und Schlafraum getrennt sind. Abbé Johner ist unermüdlich unterwegs, um Steine, Mörtel, Nägel und alles, was sonst noch fehlt, zu beschaffen. Die Kapelle soll einige große Fenster haben, dafür muss Glas besorgt werden. Die Gräfin Malesherbes, deren Gut in der Nähe liegt, stiftet vier große dicke Baumstämme und vieles andere. So ist es möglich, in der Kapelle nicht nur ein erhöhtes Podium für den Altar zu errichten, sondern auch eine Empore für die Schola und den Chor.

Da ich aus einem Handwerksbetrieb komme, bin ich einer der wenigen Studenten, die bei den Arbeiten helfen können. Es gibt aber noch anderes zu tun. Wir haben ja keine Bücher. Nachdem Papier und Schreibstifte besorgt sind, schreiben wir das kirchliche Morgengebet, die Prim, in genügend Exemplaren ab. Nach einiger Zeit beginnen wir jeden Tag mit diesem Gebet.

Das große Gelände von Block 1 ist eine echte Erholung für uns nach der Enge in der Kaserne von Orléans.

Nuntius Roncalli besucht uns

Anfang September kommt die Nachricht, dass der päpstliche Nuntius Angelo Giuseppe Roncalli uns besuchen wird. Dieses Mal darf der „ausländische Diplomat“ das französische Militärgebiet betreten. Wie sollen wir einen solchen Gast empfangen? In der großen Halle wird zwischen den dreistöckigen Betten, in denen wir schlafen, dem Rest der vierstöckigen Betten, die noch umgebaut werden,

Wiedersehen im Sommer 1951 in Chartres mit Bischof Raoul Harscouët: oben Neupriester Josef Seuffert, unten ganz links Emil Stehle (geb. 1926), später Bischof in Ecuador, und Alfred Müller, 1947 von Nuntius Roncalli zum Priester geweiht.

mehreren Haufen Baumaterial samt Steinen und Lehm und einem Stapel Zementtüten ein Platz von etwa fünfzehn mal fünfzehn Metern frei geräumt und gefegt. Die Frage ist zu klären, wo der päpstliche Gesandte seinen Platz finden soll.

Einer sagt: „Brauchen wir nicht einen Stuhl für den Nuntius?" Uns fällt auf, dass wir im ganzen Lager noch nie einen Stuhl gesehen haben, nur Sitzbänke ohne Lehnen. Wir gehen auf die Suche und finden in einer der Baracken einen alten Sessel, schon ziemlich ramponiert. Er hat nur drei Beine. Einer meint: „Da müssen wir ein viertes Bein drannageln." Und ein anderer sagt zu mir: „Du kommst doch aus einer Schreinerei und kannst das machen." Wir gehen also wieder auf die Suche: Wir brauchen ein Stück Latte, das groß genug ist, wir brauchen Nägel und einen Hammer. Ein Hammer ist nicht aufzutreiben, weil die Arbeiten wegen des Besuchs unterbrochen sind und alle Werkzeuge abgegeben werden mussten. Denn Gefangene könnten mit ihrer Hilfe ja einen Ausbruch versuchen. Schließlich hilft mir ein Stück Gusseisen. Ich haue mit ihm einige Nägel durch eine Latte und den Stumpf am Stuhl. Einer macht eine Sitzprobe, das neue Bein hält.

Am frühen Nachmittag des 18. September 1945 versammeln wir uns auf dem frei gefegten Platz in der Halle in einem offenen Karree. Die Südseite ist frei, in der Mitte steht der Stuhl. Nach einiger Zeit öffnet sich die Seitentür der Halle, und es treten etwa zwölf Personen ein, darunter an der Spitze unser Regens Franz Stock, ein General, der Bischof von Chartres und schließlich der päpstliche Nuntius. Angelo Giuseppe Roncalli ist ein sehr beleibter Mann, und ich bekomme einen großen Schrecken: Wird mein Stuhlbein halten? Der Nuntius lächelt freundlich, geht auf den Stuhl zu und setzt sich darauf – und der Stuhl hält.

Nach einigen Begrüßungsworten hält unser Philosoph Paul Wenzel, den wir alle Longinus nennen, weil er fast zwei Meter groß ist, eine Ansprache auf Französisch. Ich verstehe nichts, aber ein lateinisches Zitat dann doch: „Wenn diese Tage nicht abgekürzt werden, kann keiner überleben."

Nuntius Roncalli hört lächelnd zu und antwortet auf Lateinisch. Er spricht in einem einfachen Sextaner-Latein, sodass ich alles verstehe. Er sagt, er sei ein schlechter Lateinschüler gewesen. Folgenden Satz behalte ich für mein Leben: „Magister meus dedit mihi alapa, alapa, quia ego De bello Gallico de Caesare non possum translatére." Das heißt: „Mein Klassenlehrer hat mich geohrfeigt, weil ich Cäsars Gallischen Krieg nicht übersetzen konnte." Und Roncalli fährt fort: „So gibt euch Gott, der euer guter Vater ist, heute alapa, alapa. Wenn ihr das gerne duldet, könnt ihr gute Priester werden, und viele werden sich darüber freuen."

Am Schluss seiner Ansprache überbringt er noch Grüße von Papst Pius XII. Und schon ist der Besuch zu Ende. Wir sind ein wenig enttäuscht, trotz der Freundlichkeit des alten Herrn, weil sich für uns überhaupt nichts geändert hat.

Später erfahren wir, welches Format der Nuntius hat. Nach dem Besuch bei uns besichtigt er das Gefangenenlager. Es gibt eine Halle für die Kranken, die von deutschen Militärärzten betreut werden. Ich lerne diese Halle erst an Weihnachten kennen. Es liegen dort hunderte kranke und sterbende Kriegsgefangene, und daneben ist ein kleinerer Schuppen mit Särgen und einem Aufbahrungsplatz für die Verstorbenen.

Offenbar ist Roncalli genau über die Lage dieser Gebäude informiert. Der Begleiter unseres Regens erzählt am nächsten Tag, was passiert ist: Freundlich plaudernd mit dem General für die Kriegsgefangenen geht der Nuntius durch das Lager. Als sie an den Totenschuppen kommen, ist er flink wie ein Wiesel dort und macht die Tür auf. Er sieht einige Tote in offenen Särgen und geht dann durch die Tür zu den Kranken. Inzwischen ist ihm die gesamte Begleitung gefolgt. Der Nuntius sagt: „In einem christlichen Land darf es so etwas nicht geben."

Am nächsten Tag meldet sich Nuntius Roncalli bei General de Gaulle und lässt sich nicht abweisen. Er verlangt zweierlei: „Alle Kriegsgefangenen, die Väter von vier und mehr Kindern sind, müssen sofort entlassen werden, und eine lebenserhaltene Verpflegung muss gesichert werden." Der General sagt das Erste zu. Zur zweiten Forderung sagt er, das französische Volk habe auch nicht genug zu essen.

Friedhof

Das Gefangenenlager befindet sich in dem kleinen Dorf Le Coudray, südlich von Chartres. Wir können Richtung Stacheldraht die Türme der Kathedrale sehen. Ganz nahe hinter dem mehrfachen Stacheldrahtzaun steht die Dorfkirche, dabei der Friedhof von Le Coudray.

Im Zusammenhang mit dem Besuch des Nuntius erfahre ich, wie unser Lagerkommandant mit den verstorbenen Kriegsgefangenen umgeht. Jeder erhält einen eigenen Sarg, ein eigenes Grab und sogar einen Grabstein mit Inschrift. So etwas hat es zu Zeiten des Zweiten Weltkriegs wohl sehr selten gegeben.

Die Hungerperiode dauert bis Mitte Oktober. Erst dann wird es möglich, einigermaßen lebenserhaltende Rationen für die Kriegsgefangenen aufzubringen. Bis dahin sterben fast täglich Kameraden, meistens an Krankheiten, gegen die der schwache Körper keinen Widerstand mehr leisten kann. Wenn es nachts ein paar Grad kälter ist, sterben mehr Leute.

Vier Jahre später besuche ich nach meiner Priesterweihe mit einer Gruppe ehemaliger Kriegsgefangener das alte Lagergelände. Kommandant Gourut ist ebenfalls angereist. Wir gehen mit ihm zu dem Friedhof, und ich darf ihn inmitten der Gräber fotografieren. Dieses Foto (siehe rechts) kann ich dann in einer überregionalen Zeitung zu Hause veröffentlichen.

Das Studium beginnt wieder

Am 18. August besucht uns Bischof Harscouët, am 18. September Nuntius Roncalli und am 18. Oktober beginnt das Wintersemester 1945/1946. Der Bischof von Chartres ist wieder gekommen und feiert mit uns die Eucharistie. Das findet noch in einer Baracke statt, nicht alle finden darin Platz. In der großen Halle sind die Mauern zwar fertig, aber es wird noch eine Weile dauern, bis die Kapelle eingeweiht werden kann.

In den beiden Monaten haben wir uns nur um fünf Seminaristen vermehrt, weil der angekündigte Zustrom irgendwie ins Stocken kam. Trotzdem beginnt das Semester, und nun kommen auch Neulinge. Bis Weihnachten sind wir 375 Seminaristen.

Es gibt drei Studienkurse: I Anfänger, II Philosophen, III Theologen. Ich bin bei den Anfängern. Die Hochschulreife ist mir als Luftwaffenhelfer versprochen worden, aber ich weiß nicht, ob das Versprechen eingelöst wurde. Viel später, als der Postverkehr endlich wieder in Gang kommt, erfahre ich, dass ich die Hochschulreife habe. Aber 1947 wird mir von der hessischen Regierung die Hochschulreife wieder aberkannt. So muss ich nach vier Semestern Philosophiestudium das Abitur nachholen.

Kommandant Gourut auf dem Friedhof für Kriegsgefangene im Sommer 1951.

Von nun an gilt auch ein fester Tagesplan: 6:00 Uhr Wecken, danach ein gemeinsames Gebet der Prim, stille Zeit für Betrachtung und Messfeier. 7:40 Uhr Frühstück. 8:30 Uhr Vorlesungen. 11:30 Uhr Mittagessen. 14:30 Uhr Studien, auch Vorlesungen. 17:30 Uhr Abendessen, danach Freizeit, Studium, Komplet. 22:00 Uhr Zapfenstreich.

Zum Studieren sind Bücher unerlässlich. Zu den wenigen Exemplaren, die wir aus Orléans mitgebracht haben, sind inzwischen einige weitere hinzugekommen. In einer der Baracken wird eine Bibliothek eingerichtet, aber es gibt immer noch zu wenig Bücher. Ebenso knapp sind die Schreibutensilien, Papier und Schreibstifte. Alle unsere Freunde geben sich die größte Mühe, Abhilfe zu schaffen. Im Frühjahr 1946 haben wir dann genügend Schreibmaterial.

Das Nudelfest

Zur Semestereröffnung hat uns der Bischof von Chartres zwei Säcke Weizenmehl mitgebracht. Abbé André, sein Sekretär, erzählt uns, wie schwierig es war, sie zu besorgen. Mit diesem Geschenk endet die Hungerzeit, wie noch zu schildern sein wird.

Unsere Ordensbrüder in der Küche zaubern aus dem Geschenk ein Ereignis, das schon am Abend den Namen „Nudelfest“ bekommt. Aus dem Mehl entsteht eine große Menge schmackhafter Nudeln. Zu Beginn des Essens wird angesagt: „Jeder darf heute so viel essen, wie er kann.“ Es ist das erste Mal seit langer, langer Zeit, dass wir keine knappe Essensration bekommen. Wir essen so lange, bis wir nicht mehr können.

Im Lager gibt es einen Männerchor, zu dem ich als Bass gehöre. Nach dem Essen gehen wir in die Küchenbaracke und singen dort mit vollem Magen, aber aus vollem Herzen den Chor „Der Gnade Heil ist dem Büßer erschienen“ aus dem Tannhäuser von Richard Wagner.

In der Zwischenzeit hat sich noch einiges andere ereignet. General de Gaulle hält eine Rundfunkrede, wohl aufgrund des Nuntius-Besuches. Er sagt, er wisse, dass die Kriegsgefangenen unterernährt seien, aber die Amerikaner hätten diese schon halb verhungert übergeben. Daraufhin befiehlt ein amerikanischer General offenbar, ein Verpflegungslager der Armee, das nicht mehr gebraucht wird, zu räumen und die Vorräte an die ehemaligen amerikanischen Gefangenenlager zu liefern.

So kommt es, dass eines Tages in Le Coudray mehrere Sattelschlepper eintreffen. Die Fahrer verlangen Einlass, den ihnen die Franzosen zunächst verweigern. Aber die Amerikaner sagen, sie dürften die Verpflegung nur der deutschen Lagerleitung übergeben. Nach einigem Hin und Her erteilt die französische Lagerleitung die Erlaubnis, und so empfangen die deutschen Lagerärzte eine riesige Menge amerikanische Militärverpflegung. Damit ist die Hungerperiode zugleich für das gesamte Lager beendet, zumal die Zahl der Gefangenen geringer wird, weil immer mehr von ihnen in Arbeitsverhältnisse vermittelt werden.

Inzwischen hat sich in Frankreich insgesamt die Versorgung mit Lebensmitteln verbessert. So normalisiert sich auch die Zuteilung in die Gefangenenlager.

Leider gibt es auch eine schreckliche Folge: Die am meisten unter Hunger Leidenden im Krankenrevier bekommen als Erste von der amerikanischen Lieferung zu essen, so viel sie wollen. Daran stirbt ein großer Prozentsatz, weil der schwache Körper das nicht mehr verarbeiten kann.

Für uns im Theologen-Seminar gibt es noch eine andere Hilfe in den nächsten Monaten. Die französische Caritas organisiert Patenschaften für jeden Einzelnen von uns. Der Pate soll möglichst monatlich ein Essenspaket schicken. Der Empfänger, also einer von uns, liefert das Paket in der Küche ab und erhält einen Teil für sich persönlich. Das hilft uns sehr. Eine Folge dieser Aktion prägt den Essensritus im Stacheldraht-Seminar auf unvergessliche Weise: Jeden Mittwochabend gibt es süße Suppe, weil in den Paketen unter anderem viel süßes Gebäck oder auch Dörrobst ist.

Ich habe ein Kartäuserkloster als Paten und jeden Monat bekomme ich ein Paket mit gedörrten Birnen. Ich schreibe einen Dankbrief. Dann finde ich im fünften oder sechsten Paket einen Brief des Abtes. Er kann offenbar kein Deutsch, besitzt aber ein deutsches Wörterbuch. Ich freue mich riesig über den Brief, seine Schlusszeile lautet: „Ich einweihe dich, dein lieb Mutti in Christus.“ Meine Antwort schreibe ich in Latein.

Endlich Nachricht von zu Hause

Mit wenigen Ausnahmen weiß keiner von uns, wie es zu Hause mit der Familie, den Verwandten und Bekannten steht. Viele aus dem

Osten müssen damit rechnen, dass ihre Familie zu den Flüchtlingen gehört. Sie sind noch schlimmer dran als wir.

Ich habe die letzte Nachricht von meiner Familie am 24. November 1944 erhalten: einen Brief meiner älteren Schwester Katharina, in dem sie mir mitteilt, dass sie im März 1945 ein Kind erwartet. Über meine Angstträume im März habe ich schon berichtet.

Meine Eltern haben am 25. August 1945 Silberne Hochzeit. An dem Tag weiß ich nicht, ob sie noch leben, ob sie feiern können. Entsprechend der Genfer Konvention schreibe ich in der ganzen Zeit vier oder fünf Postkarten, weiß aber nicht, ob sie angekommen sind.

Im Oktober 1945 gibt es einen Hoffnungsschimmer. Wir sind inzwischen fünf Seminaristen aus der Diözese Mainz und treffen uns ab und zu zu einem Gespräch. Bei einem dieser Gespräche erfahren wir, dass ein französischer Offizier, der nach Mainz abkommandiert wird, angeboten hat, je einen Brief dorthin mitzunehmen, aber nur von Kriegsgefangenen, deren Verwandte in der Domstadt wohnen. Jeder Brief darf nur ein DIN-A4-Blatt enthalten.

Ich schreibe einen Brief an meine Eltern, zwei Seiten mit Informationen über mein Schicksal seit Ende 1944. Als Adresse schreibe ich: Pfarrer Wilhelm Thoerle[5], Mainz, Bischöfliches Ordinariat. Thoerle ist mein Heimatpfarrer, und ich hoffe, dass das Ordinariat einen Weg findet, ihm den Brief zu schicken.

Der französische Offizier liefert meinen Brief im Ordinariat in Mainz ab. Dort sitzt eine Maria-Ward-Schwester im Vorzimmer des Generalvikars. Sie schaltet sofort und lässt meinen Brief nach Offenbach bringen, dort ist meine Tante, auch sie eine Maria-Ward-Schwester, Lehrerin. Diese gibt einer Schülerin aus meiner Heimatpfarrei den Brief mit, und so erreicht er in kurzer Zeit sein Ziel. Das ist deswegen wichtig, weil dieser freundliche französische Offizier angeboten hatte, bis zu einem bestimmten Termin Antwortbriefe anzunehmen.

Pfarrer Thoerle überbringt den Brief sofort meinen Eltern. Es ist die zweite Novemberwoche. Am 2. November, das ist der Allerseelentag, haben meine Eltern schon meine Rot-Kreuz-Karte von Mitte März bekommen. Sie wissen also schon seit diesem Zeitpunkt, dass ich noch lebe. Bis dahin hatte ich als vermisst gegolten. Nun erfahren sie, dass ich in Chartres bin und Theologie studiere.

5 Wilhelm Thoerle (1904–1970), Priesterweihe 10. August 1930 durch Bischof Hugo.

Mein Vater füllt ein DIN-A4-Blatt in kleiner Schrift bis an den Rand mit Informationen über die Ereignisse des Kriegsendes und danach. Eine Tante ist in Frankfurt bei einem Luftangriff umgekommen, ein Onkel, als Eisenbahner, in Polen. Meine Schwester Katharina hat kurz vor dem Eintreffen der Amerikaner ein gesundes Mädchen geboren. Meine zweite Schwester Elisabeth hat am 25. August geheiratet, das heißt am Tag der Silberhochzeit meiner Eltern, in einem gemeinsamen Gottesdienst. Mein Vetter Paul, mit dem ich im selben Haus aufgewachsen bin, ist in amerikanischer Kriegsgefangenschaft. Das sind die Hauptpunkte.

Dieser Brief meines Vaters, an mich adressiert, wandert auf demselben Weg über Offenbach nach Mainz, zum Ordinariat und schließlich zu dem französischen Offizier. Ich erhalte den Brief am 26. November. Für mich und drei weitere Mainzer ein Freudentag.

Als ob dies eine Initialzündung sei, kommt Ende November endlich der Postverkehr mit Deutschland in Gang.

So schreibt mir meine Mutter einen Brief und erzählt vom 2. November. Sie wird morgens wach und fängt an zu überlegen: Heute ist Allerseelen. Wenn ich für meinen Sohn Josef bete, dann gebe ich zu, dass er tot ist; wenn ich nicht bete, muss er vielleicht länger im Fegefeuer sein. (Zu diesem Zeitpunkt sind fast elf Monate vergangen, seit ich als vermisst gemeldet wurde.) Mitten in diesen Gedanken kommt meine Cousine Hildegard, sieben Jahre alt, die Treppe heraufgerannt, läuft ins Schlafzimmer und sagt zu meiner Mutter: „Der Josef hat geschrieben." Meine Mutter wagt nicht, das zu glauben. Sie denkt: Da käme doch mein Mann, um mir das zu sagen.

Mein Vater war schon aufgestanden und in den Hof gegangen, hatte das Tor zur Straße geöffnet und hinausgeblickt. In diesem Augenblick war der Briefträger um die Ecke gekommen, hatte meinen Vater erkannt und gerufen: „Ich habe Post von Josef." Die kleine Hildegard ist zufällig im Hof, und mein Vater sagt: „Renn zur Tante und sag ihr, dass der Josef geschrieben hat." Dann geht er zum Postboten und bekommt an diesem 2. November meine Karte von Mitte März, die bis dahin in Genf lagerte.

Unsere neue Kapelle

Unser Gottesdienstraum ist eine einfache Baracke. Ein Viertel der großen Betonhalle ist vorgesehen für eine Kapelle mit ausreichend

Platz. Als Erstes werden die Wände eingezogen. In die fensterlose Außenmauer werden fünf große Fenster eingebaut. Abbé Johner, unser guter Geist, besorgt das Glas. Ein Podium wird gebaut, darauf ein Altar. Hinten in der Kapelle wird eine Empore errichtet. Auf ihr werde ich die meisten Gottesdienste als Sänger verbringen. In der Schreinerei werden Kirchenbänke gezimmert.

Das alles braucht seine Zeit. Unser Regens Abbé Stock entwirft das Altarbild. Er gestaltet die gesamte Wand der Montagehalle. In der Mitte ein großes Kreuz aus kräftigen Holzbalken. Unter dem Kreuz über dem Altar Maria und Johannes, der Lieblingsjünger Jesu. Auf der linken Wandseite der heilige Michael, auf der rechten der heilige Bonifatius, der Apostel der Deutschen. Zunächst sind es nur Kohlezeichnungen, die später von Abbé Stock in Farbe ausgeführt werden.

Viele freundliche Spender aus Frankreich sorgen dafür, dass wir Messgewänder, Ministrantengewänder, Kerzenständer, Wachskerzen und alles andere, was man braucht, zur Verfügung haben.

Ende November ist die Arbeit getan. Am 25. November feiert Regens Stock die erste Eucharistiefeier mit uns im neuen Raum. Am 1. Adventssonntag kommt der Bischof von Chartres und weiht unsere neue Kapelle ein.

Diesem ersten festlichen Gottesdienst werden noch viele folgen, die uns unvergesslich bleiben, mitten in einem immer noch sehr ärmlichen Leben.

Christen singen

Von Anfang an haben wir gesungen. Schon in Orléans wurde eine Schola gegründet. Das dortige Priesterseminar hatte uns acht alte Gradualien geschenkt, das ist für uns ein Schatz. Ich bin vom ersten Tag an Mitglied der Schola. Neben dem schon genannten Kirchenlied haben wir bereits genügend Exemplare des Kirchengebets. Aus diesem Büchlein beten wir täglich die Prim und die Komplet. Am Sonntag beten wir die Prim in Lateinisch, dafür hat jeder die Texte mit der Hand geschrieben. Bis zum November 1945 gehört es zu den Aufgaben jedes Neuankömmlings, die Prim abzuschreiben.

Zum Fest Mariä Himmelfahrt am 15. August haben wir zum Abschied von Orléans die Messe feierlich gesungen, die Texte und Noten vom Anfang bis Ende abgeschrieben. In Chartres singen wir anfangs gelegentlich diese Marienvesper.

Erinnerungsbesuch im Sommer 1951:
Die Betonhalle von Block 1.

Unten Blick in den Trakt der ehemaligen Kapelle mit dem Wandgemälde von Abbé Franz Stock (siehe auch Umschlagrückseite).
Das renovierte Gebäude samt den restaurierten Fresken wird heute als „Europäische Begegnungsstätte Franz Stock" genutzt.

Noch in Orléans erhalten wir aus Paris auch zwölf Exemplare des Chorlieder-Buchs für die Wehrmacht. Das ist der Grund, einen Chor zu gründen. So können wir bei Besuchen eine Begrüßung mit Chormusik veranstalten. Auch der Chorsatz, den wir später zum „Nudelfest" singen, steht in diesem Buch.

In Chartres bekommen wir aus dem Bestand der deutschen Gemeinde in Paris Anfang November einen Stoß des Liederbuches Weihnachts-Singebuch. Das ist wiederum der Grund, einen Singekreis zu gründen, in dem auch ich Mitglied werde, da ich das Weihnachts-Singebuch sehr gut kenne. Ich hatte an Weihnachten 1942 daraus ein Krippenspiel zusammengestellt.

Erst im Jahr 1946 bekommen wir auch Instrumente. So entsteht allmählich eine reiche musikalische Praxis.

Krippenbau

Manche Ideen werden aus dem Moment geboren. Mein Mainzer Kollege, Edmund von Jungenfeld[6], ist ein Künstler, er kann zeichnen und modellieren. Eines Tages, nach einem Regenguss, gehen wir über den großen freien Platz vor Block 1 und bleiben im feuchten Lehm des Bodens stecken. Edmund nimmt einen Batzen Lehm in die Hand und sagt: „Der ist so gut, dass man Figuren daraus machen könnte." Ich sage: „Aber wir haben keinen Brennofen", und er klärt mich auf, dass man Lehm auch einfach trocknen lassen kann, damit er stabil wird.

Ein paar Tage später kommt uns dann die Idee, Krippenfiguren aus dem Lehm zu machen. Ich biete mich an, die dazugehörige Krippenlandschaft aufzubauen. Wir haben ja genug Holzbretter, um einen guten Boden zu schaffen. Was wir sonst noch brauchen, finden wir im Lager nicht. Wir gehen zum Regens und stellen unseren Plan vor. Er ist begeistert, wendet sich an Abbé Johner. Der geht zum Lagerkommandanten und erreicht, dass ich mit vier anderen Gefangenen in einem nahegelegenen Wald Material für den Krippenbau holen darf.

Einige Tage später, uns wird sogar ein Fahrzeug gestellt, fahren wir zu fünft, begleitet von bewaffneten Soldaten, in den Wald. Dort sammeln wir Moos, Rinde, Tannenzweige, dürre Äste und auch trockenes Laub. Mit reicher Beute kommen wir zurück ins Lager.

---

6 Edmund Freiherr Gedult von Jungenfeld (1922–2009), 15. Juli 1951 Priesterweihe durch Bischof Albert Stohr.

Die aus dem Lehm-Matsch des Gefangenenlagers geschaffene Weihnachtskrippe 1945.

Es ist eine Riesenfreude, nachdem mit Hilfe unserer Schreiner ein Holzboden von etwa 1,50 mal 2,50 Meter gelegt worden ist, eine Krippe aufzubauen.

Edmund findet unter den Neuankömmlingen noch einen Kollegen, der modellieren kann, und so sind am Heiligen Abend etwa zehn Figuren aus getrocknetem Lehm von Block 1 fertig. Wir haben eine einmalige Krippe.

Übrigens: An Weihnachten 1946 gestalten andere eine Krippe mit geschnitzten Holzfiguren.

Weihnachtsnovene

Rudi Franzen, ein Steyler Missionar, der als Erster die Schola in Orléans leitete, erzählt mir eines Tages, dass sie in Rom in der Adventszeit eine sehr schöne Weihnachtsnovene gesungen hätten. Leider sei kein Exemplar vorhanden, sonst würde er vorschlagen, die in Chartres zu singen.

Ich frage ihn, ob er davon etwas auswendig kann. Er fängt an zu singen und hört gar nicht mehr auf. Ich unterbreche ihn und schlage vor, das schriftlich festzuhalten. Er sagt, es seien noch zwei andere da, die ebenfalls in Rom waren. Die holen wir, und ich schreibe die gesamte Weihnachtsnovene mit Text (lateinisch) und Melodie auf.

Daraufhin erstellen wir eine Reinschrift, die mit Hilfe Abbé Johners außerhalb des Lagers vervielfältigt werden kann, und so singen wir vom 15. bis zum 23. Dezember die Weihnachtsnovene in der neuen schönen Kapelle.

Nach der Heimkehr erreiche ich mit meinen Mainzer Kollegen, dass diese Novene auch im Mainzer Priesterseminar gesungen wird, und ich fertige auch eine Übersetzung ins Deutsche an. Beide Fassungen werden bis heute im Mainzer Priesterseminar gesungen.

Eine Priesterweihe

Einer von uns, Ingbert Janocha, ist nach seiner Diakonenweihe in Kriegsgefangenschaft geraten. Über französische Behörden kann die Verbindung mit seinem Heimatkloster hergestellt werden, und so kommt es dazu, dass er im Kriegsgefangenenlager in Chartres zum Priester geweiht wird.

Am 4. Adventssonntag versammeln wir uns in der neuen Kapelle. Unser Freund, der Bischof von Chartres, nimmt die Weihe vor. Wie die meisten von uns erlebe ich zum ersten Mal eine Priesterweihe. Zwei Dinge beeindrucken mich besonders: Der Weihekandidat liegt ausgestreckt auf dem Boden, und alle singen (sozusagen über ihn) die Litanei von allen Heiligen. Das Zweite ist, dass nach der Handauflegung durch den weihenden Bischof alle anwesenden Priester ebenfalls einer nach dem anderen dem Neupriester die Hände auf den Kopf legen. Dies ist ein unübersehbares Zeichen dafür, dass die Priester eine Gemeinschaft sind. Für alle, die in Chartres waren, ist dieses Bewusstsein eine große Selbstverständlichkeit.

Nachher versammeln wir uns im Speisesaal. Vor dem Essen gibt es noch eine Feier. Der Stellvertreter von Nuntius Roncalli, der ausdrücklich bedauert, nicht kommen zu können, überbringt „Papstpakete". Da sind Sachen zum Essen und für jeden einen Pullover. Von der Gemeinschaft der Theologen wird dem Neupriester ein Messgewand überreicht.

Pater Janocha darf seine erste Eucharistiefeier am Morgen des 24. Dezember in der Krypta der Kathedrale von Chartres feiern. Unser guter Geist, Abbé Johner, assistiert ihm dabei.

Weihnachten 1945

Für mich wird das Weihnachtsfest eine Feier, die 24 Stunden dauert. Wir beginnen mit der ersten Vesper. Zum ersten Mal können wir ohne Abschreiben singen. Es sind genug Bücher und Kopien da. Dann fährt der Singekreis in die Stadt Chartres und singt dort in dem Lazarett für Kriegsgefangene. Das Abendessen ist so reichlich, dass zum ersten Mal etwas übrig bleibt. Anschließend ist Weihnachtsfeier im Speisesaal, für jeden gibt es einen Teller mit Gaben meist aus Spenden französischer Wohltäter. Wir singen Weihnachtslieder, das Evangelium wird vorgetragen und der Regens hält eine Ansprache. Abbé Johner bekommt von uns auch ein Messgewand. Er überrascht uns mit einer Kopie der Stuppacher Madonna.

Gegen 23:00 Uhr sehen wir das Theaterstück Weihnachten auf dem Marktplatz von Henri Ghéon[7]. Franz Rochels, einer von uns, hat es übersetzt. Als Kaplan werde ich dieses Stück in anderer Übersetzung in mehreren Pfarreien inszenieren. Besonderen Erfolg hat der erste Satz dieses Stückes. Zigeuner sitzen auf dem Dorfplatz und einer wendet sich an die Zuschauer und sagt: „Merkwürdig, Menschen, die essen."

Nach dem Theaterspiel gehen wir in die Kapelle, singen einen Teil der Weihnachtsmatutin und feiern dann die Christmette. Dabei singen wir lateinisch. Es folgt die sogenannte Hirtenmesse, bei der wir deutsche Weihnachtslieder singen. Das Ganze ist morgens um 5:00 Uhr zu Ende.

Das Wecken ist für 7:00 Uhr vorgesehen. Der Singekreis, zu dem auch ich gehöre, soll das mit einem Lied besorgen. Wir treffen uns an der Krippe, und anstatt schlafen zu gehen, singen wir ein Weihnachtslied nach dem anderen. Das Weihnachts-Singebuch bietet ja eine reichliche Auswahl. Um 7:00 Uhr gehen wir in den riesigen Schlafsaal und singen unser Wecklied.

In der Kapelle singen wir die Laudes, nach einer Pause feiern wir dann das Hochamt als Choralmesse. Es folgt ein für unsere Verhältnisse festliches Mittagessen und am Nachmittag noch die zweite Vesper.

Für mich ist immer noch nicht Schluss. Wir gehen mit dem Singekreis nach der Vesper in das Krankenrevier des Gesamtlagers, wo einige hundert Patienten auf den Pritschen liegen. Wir singen Weihnachtslieder und sprechen auch mit den Kranken. Mitten in

7 Henri Ghéon (1875–1944), französischer Schriftsteller, 1915 Konversion zur katholischen Kirche.

einem der Lieder wird es mir schwarz vor den Augen. Ich falle um und finde mich auf einer der Pritschen wieder. Der Arzt, der hinzugezogen wird, glaubt mir, dass es nur Übermüdung war, und ich gehe wieder zurück in Block 1 und verschwinde in meinem Bett.

Ein bedeutender Mensch

Irgendwann im Januar 1946 tritt unser Regens Abbé Stock an mich heran, er wolle mit mir sprechen. Ich bin sehr überrascht. Um 17:00 Uhr erwartet er mich.

In der südöstlichen Ecke des Geländes gibt es eine kleine Hütte, in der unser Regens wohnt. Ich gehe zur verabredeten Zeit zu ihm. Er führt mich in einen kleinen Raum, den man kaum ein Sprechzimmer nennen kann, und wir setzen uns an einen kleinen Tisch.

Regens Stock sagt, er wolle mir für den Bau der Weihnachtskrippe danken. Es sei wichtig und schön für alle. Ich freue mich sehr und erzähle ihm, wie wir gearbeitet haben und dass ich zu Weihnachten 1942 in meiner Heimatpfarrei mit meiner Jungschar-Gruppe schon einmal eine Krippe mit Material aus unserem Heimatwald gebaut habe. Er fragt nach meiner Familie, und ich erzähle, dass mein Urgroßvater und mein Großvater Bildhauer waren, ein Bruder meines Großvaters ebenfalls und ein anderer Kirchenmaler und dass es in meiner Familie Musiker und Mathematiker gibt. Regens Stock taut sichtlich auf, denn er ist selbst ein begabter Maler. In unserer Kapelle sind über dem Altar der Erzengel Michael und der heilige Bonifatius zu sehen, gemalt von unserem Regens. (Fast 80 Jahre nach Auflösung des Stacheldraht-Seminars sind diese Gemälde immer noch zu sehen.)

Mir, dem Neunzehnjährigen, wird klar, dass ich einem bedeutenden Menschen begegne. Seine Größe besteht darin, dass er, der künstlerisch und literarisch begabt ist, in der schlimmen Situation des Krieges einen Auftrag bekommt, für den er eigentlich überhaupt nicht geeignet ist: Gefangene und zum Tod Verurteilte zu betreuen und viele zur Hinrichtung zu begleiten. Er tut dies auf eine Weise, die ihm NS-Schergen offenbar nicht zutrauen. Denn er stellt tausende Kontakte mit den Verwandten und Bekannten der französischen Gefangenen her, die den Leitern des Gefängnisses niemals bekannt werden. Schließlich ist das Stacheldraht-Seminar aus der Dankbarkeit der Franzosen für diesen Dienst entstanden.

Mir wird bei diesem Gespräch auch klar, dass Franz Stock niemals von einem Bischof zum Regens eines Priesterseminars ernannt worden wäre. Aber er hat diesen Auftrag angenommen und überlässt die Menschenführung seinen Mitarbeitern, vor allem dem Subregens Wilhelm Delbeck. Auch hier wird deutlich, Franz Stock ist ein großer Mann, der tut, was die Zeit, der Augenblick verlangt.

Ich sehe auch einen kranken Menschen vor mir. Wir alle wissen, dass neben seiner Unterkunft in einem kleinen Stall eine Ziege lebt, deren Milch unserem Regens hilft, am Leben zu bleiben. Wir geben ihr den Namen Franziska. Sehr dankbar bin ich, dass ich diesem Menschen begegnen darf.

Sind wir zu viele?

Seit dem Spätherbst 1945 nimmt die Zahl der Seminaristen zu. In kurzer Zeit sind wir dreimal so viele wie bei Semesterbeginn. Am 7. Januar 1946 sind wir 429 Seminaristen. Die knapp über hundert, die von Orléans gekommen sind, kennen sich gut. Aber nun kann man die meisten nicht mit ihren Namen anreden. Es entsteht eine ganz andere Atmosphäre.

Die Schola besteht aus Leuten, die von Orléans gekommen sind. Ich gehöre dazu. Wir besprechen die neue Situation, und einer sagt, er habe den Eindruck, dass einige der Neuzugänge gar nicht Priester werden wollten. Offensichtlich sei ihnen unsere Tagesordnung lästig.

Um 6:00 Uhr ist Wecken, 6:30 Uhr Morgengebet (Prim) und Messfeier, um 7:45 Uhr Frühstück, 8:00 bis 12:00 Uhr Vorlesungen, dann Mittagessen und Pause, 14:00 bis 17:00 Uhr Studienzeit, 17:30 Uhr Abendessen, bis 20:00 Uhr Freizeit, nach Studium und Abendgebet um 22:00 Uhr Nachtruhe.

Nach langer Diskussion entwickeln wir den Plan, mit jedem der Neuzugänge ein Gespräch zu führen. Wenn sich dabei herausstellt, dass dem Betreffenden die Tagesordnung eine Last ist, weil er gar nicht Priester werden möchte, so wollen wir ihm sagen, dass er bei uns bleiben und den Abiturkurs absolvieren bzw. Philosophie studieren könne, dass die Teilnahme an den geistlichen Übungen aber seiner freien Entscheidung überlassen bleibe.

Unsere Sprecher tragen diesen Vorschlag dem Regens Stock vor. Er stimmt zu. Jeder von uns bekommt aus der Namensliste einige Neuzugänge zugeteilt, mit denen er behutsam das Gespräch suchen soll. Tatsächlich gibt es eine ganze Reihe von Leuten, die sich überfordert fühlen und unser Angebot dankbar annehmen.

Diese Aktion hat eine unerwartet positive Wirkung. Das sogenannte geistliche Leben gewinnt an Format. Für mich ist es intensiver als später im heimatlichen Priesterseminar.

Studium hinter Stacheldraht

Am 7. Januar 1946 beginnt der zweite Teil des Wintersemesters. Wir sind nun 429 Studenten, eingeteilt in vier Kurse. Zunächst hatte es nur drei Kurse gegeben: für Anfänger, Philosophen und Theologen. Viele von uns haben kein Abitur, weil sie so früh eingezogen wurden. Deshalb wird ein Gymnasialkurs eingeführt mit dem Ziel der Hochschulreife.

Inzwischen habe ich Post vom Direktor meines Gymnasiums in Frankfurt bekommen. Er teilt mir mit, dass mir im April 1945 die Hochschulreife zugesprochen wurde. Ich bleibe also wie bisher beim ersten Kurs der Philosophie-Anfänger. Wir sind so viele, dass die Vorlesungen im Saal der großen Halle stattfinden, wo wir auch essen. Für die kleineren Kurse zwei und drei werden die Vorlesungen in der Bibliotheksbaracke gehalten und in der früheren Kapelle, auch eine Baracke.

Der Gymnasialkurs hat ebenfalls eine große Zahl von Teilnehmern, deswegen können viele Unterrichtsstunden nur am Nachmittag in der großen Halle stattfinden. Die Zahl der Dozenten und Gymnasiallehrer hat sich auch vervielfacht, zunächst sind es nur Kriegsgefangene wie wir, später kommen Freiwillige aus Deutschland. Sie müssen die Bedingungen der Kriegsgefangenschaft annehmen.

Unser Wissensdurst hat sich nicht verringert. In der Soldatenzeit, während des Krieges und in der Kriegsgefangenschaft ist man geistig unterernährt. Deswegen sind wir in Chartres von einem Wissensdrang besessen. Der Umstand, dass wir im Stacheldraht eingesperrt sind, hat zur Folge, dass auch in der Freizeit immer dieselben Leute beisammen sind. So kommt es, dass wir stundenlang miteinander über philosophische und theologische Fragen diskutieren. Dadurch werden die Mängel im Vergleich zu einer normalen Hochschule mehr als ausgeglichen. Ich jedenfalls habe nirgendwo intensiver gelernt als in Chartres.

Bücher

Ein Studium ohne Bücher ist nicht denkbar. In Orléans haben wir zunächst nur, was in der deutschen Gemeinde von Paris im Bücherschrank stand. Deren Seelsorger war ja Abbé Stock. Es kommen einige Spenden aus französischen Klöstern oder Seminaren, in lateinischer oder französischer Sprache. Zunächst behelfen wir uns auch mit dem Abschreiben wichtiger Texte, solange das Schreibpapier und die Schreibstifte reichen.

In Chartres angekommen, wird eine der Baracken zur Bibliothek erklärt, einer wird zum Bibliothekar ernannt, und langsam füllen sich die selbst gezimmerten Regale. Später kommt eine große Sendung, deren Inhalt bei katholischen Priestern in den Vereinigten Staaten gesammelt worden war, darunter erstaunlicherweise viele deutsche theologische Schriften aus dem 19. Jahrhundert und auch vom Anfang des 20. Jahrhunderts. Danach erhalten wir eine sehr wertvolle Spende aus der Schweiz vom evangelischen Christlichen Verein Junger Männer. Wir finden darin die neuesten katholischen Publikationen, gekauft von Spendengeldern. So füllt sich die Bibliothek.

Der Bibliothekar verzichtet aber auf einen großen Teil der amerikanischen Sendung, vor allem auf jene Titel, bei denen es sich um Dubletten handelt. Und so wird eines Tages den Studenten eine ganze Anzahl Bücher angeboten, die sie auf dem Brett über ihrem Bett aufbewahren können.

Ich gehe auch zur Verteilungsstelle und finde ein ziemlich zerfleddertes Exemplar ohne Buchdeckel mit dem Titel Symbolik. Es wird mir großzügig überlassen. Ich denke, es sei ein Buch, das Symbole erklärt. Aber ich erkenne, dass es um etwas ganz anderes geht. „Symbolon“ ist der theologische Fachausdruck für „Glaubensbekenntnis“. Ich denke: Nun ja, da hast du dich eben geirrt. Dann sieht einer vom dritten Kurs das Buch bei mir und sagt: „Du Glückspilz! Das ist eines der wichtigsten theologischen Bücher des 19. Jahrhunderts. Der Autor Johann Adam Möhler ist weltbekannt.“

Dieses Buch ohne Deckel, das keiner wollte, begleitet mich bis heute. Später, in Mainz, halte ich darüber acht Referate von je einer Stunde.

Ein zweites Buch aus dieser amerikanischen Sendung steht noch heute in meiner Bibliothek. Es ist das Buch des griechischen Kirchenvaters von Gregor von Nyssa und hat den Titel *Der versiegelte*

Quell. Willi Nyssen[8] schenkt es mir zum Namenstag. Und das aus einem ganz bestimmten Grund.

In unseren Diskussionen über Philosophie und Theologie landen wir in einer Gruppe von etwa fünfzehn Diskutanten nämlich bei einem Thema, das uns über ein halbes Jahr fast täglich beschäftigt. Es ist eine Kontroverse zwischen Bonaventura und Thomas von Aquin. Es gibt eine kleine Schrift von Bonaventura über die Beziehung der Theologie zu den anderen Wissenschaften: *De reductione artium ad theologiam*. Darin behauptet der Autor, die Theologie sei die Herrin aller Wissenschaften, und diese müssten sich ihr daher unterordnen. Dem hat Thomas von Aquin widersprochen und behauptet, jede Wissenschaft habe ihr selbstständiges Format. Es gebe zwar Beziehungen, aber keine Abhängigkeiten. Die hohe Würde der Theologie ergebe sich aus ihrem Gegenstand: GOTT.

Wie gesagt, wir streiten uns monatelang. Lothar Zenetti und Willi Nyssen stehen aufseiten Bonaventuras, ich bin einer Meinung mit Thomas von Aquin. Willi schenkt mir das Buch des griechischen Kirchenvaters, um mich zu Bonaventura zu bekehren.

Typisch Roncalli

Irgendwann im Frühjahr 1946 stehe ich am Stacheldrahtzaun unseres Blocks. In der Ferne sieht man die Türme der Kathedrale von Chartres. Ich interessiere mich für das Unkraut, das im Boden um den Stacheldrahtzaun wächst. Darunter sind auch Hederich-Pflanzen mit ihren typischen gelben Blüten. Mir fällt auf, dass sie mit Raps vergleichbar sind, und ich denke, dass man sie essen kann. Ich pflücke an paar Zweige ab und stecke einige Blüten und Blätter in den Mund.

Während ich kaue, blicke ich zufällig nach rechts. Dort befindet sich das große Tor zu unserem Block, das aus dünnen Holzpfählen und Stacheldraht gezimmert ist. Ich sehe eine kugelrunde Gestalt in Violett die Lagerstraße entlangeilen. Die Gestalt schwingt ein weißes Papier in der Hand.

Als sie näher kommt, erkenne ich Nuntius Roncalli. Er sieht mich hinter dem Stacheldrahttor und ruft: „Vite, vite, ouvre! Vite, vite, ouvre!“ Ich bin so überrascht, dass mir kein französisches oder lateinisches Wort einfällt, und rufe zurück: „Wir brauchen einen

8 Wilhelm Nyssen (1925–1994), 1957 Hochschulpfarrer in Köln, 1965 Lehrbeauftragter für Byzantinistik, 1980 Honorarprofessor.

Schlüssel!“ Er sagt wieder „vite, vite!“, und ich renne los in unser Büro, damit von dort an die Franzosen telefoniert wird. Keiner im Lager hat einen Schlüssel.

Nach etwa fünfzig, sechzig Metern blicke ich mich nochmals um und sehe, dass auf der anderen Seite des Tores ein französischer Offizier und ein Priester aufgetaucht sind.

Das Tor öffnet sich, inzwischen haben auch andere gemerkt, dass etwas los ist, und wir sind etwa eine Handvoll Theologen, die den Eintritt des Nuntius in unser Lager erleben. Er fordert uns auf, schnell in die Kapelle zu kommen. Da wir ja alle im Lager sind und keiner aus dem Stacheldrahtviereck herauskann, ist es kein Problem, dass wir uns in der Kapelle versammeln, zumal wir seit einiger Zeit eine kleine Glocke am äußeren Eingang haben.

Die Glocke bimmelt, der Regens kommt, die Professoren und die Studenten. Es dauert keine fünf Minuten und wir sind in der Kapelle versammelt.

Nuntius Roncalli geht durch den Mittelgang zum Altar, stellt sich auf die oberste Stufe, dreht sich herum, schwingt das weiße Papier und spricht. (Ich teile den Inhalt seiner Ansprache nach meiner Erinnerung an die deutsche Übersetzung mit.)

„Freut euch mit mir. Ich bin jetzt euer Pfarrer. Der Heilige Vater hat euch mir anvertraut mit diesem Brief. Jetzt darf ich endlich wieder ein richtiger Seelsorger sein, denn meine Pfarrei bestand, seit ich Nuntius in Ankara war, aus meiner Köchin, aus meinem Sekretär und aus meinem Chauffeur. Den Brief habe ich heute bekommen. Ich bin sofort zu euch gefahren, damit ich mich zusammen mit euch freuen kann. Ich soll euch alle vom Heiligen Vater Pius XII. grüßen. Er betet, dass ihr gute Priester werdet.“

Keiner von uns hatte je in einem Gotteshaus geklatscht, nun aber klatschen wir alle minutenlang. Nuntius Roncalli spricht noch einige Zeit mit der Seminarleitung und fährt nach Paris zurück.

Der Hintergrund dieses Ereignisses ist folgender: Nach dem Kirchenrecht muss jedes Priesterseminar einem Bischof unterstehen. Wahrscheinlich war Rom zu dem Schluss gekommen, dass man einerseits ein deutsches Priesterseminar nicht einem französischen Bischof und andererseits ein Priesterseminar auf französischem Boden nicht einem deutschen Bischof unterstellen konnte. So fand man die Lösung, das Amt dem päpstlichen Nuntius zu übertragen.

Die Kathedrale von Chartres

An zwei Stellen unseres Blocks kann man durch den Stacheldraht die Türme der Kathedrale von Chartres sehen. Wir sind jetzt schon fast ein Jahr im Lager und haben viel von diesem gotischen Gotteshaus gehört, das man die „Krone des Abendlandes" nennt. Auch einige Fotos machen die Runde.

Und dann kommt die Nachricht, dass wir in kleinen Gruppen die Kathedrale besichtigen dürfen. Jeweils vier von uns bilden eine Gruppe und jeweils zwei Gruppen gehen getrennt in die Stadt. Wir sollen jedoch nicht als Kriegsgefangene erkannt werden. Da wir fast alle noch die feldgraue Uniform tragen, werden aus irgendwelchen Beutebeständen dunkelblaue Marineuniformen organisiert. Die militärischen Abzeichen und Borten werden entfernt, sodass dunkelblaue Anzüge übrig bleiben. Die acht Auserwählten eines Tages müssen dann sehen, welches der Kleidungsstücke wem passt.

Da ich schon sehr früh in das Stacheldraht-Seminar gekommen bin, gehöre ich zu einer der ersten Gruppen. Nachdem wir alle in die blaue Montur geschlüpft sind, gibt man uns Verhaltensmaßregeln mit auf den Weg: Wir sollen uns so unauffällig wie möglich benehmen und mit niemanden sprechen, damit nicht bekannt wird, dass wir Kriegsgefangene sind. Einer von vier kann etwas Französisch.

Wir verlassen das Gefangenenlager, ich gehe zum ersten Mal wieder eine Straße entlang, auf der es ganz normal zugeht. Menschen gehen hin und her, ab und zu kommt sogar ein Auto vorbei, dann und wann ein Fahrrad. Besonders fallen mir die hellen Stimmen der Frauen auf, die sich unterhalten. Ich bin ja eine lange Zeit nur unter Männern gewesen. Wir kommen durch bis zur Kathedrale, ohne dass uns jemand anspricht.

Und dann stehen wir vor dem Wunderwerk europäischer Romanik und Gotik. Ich kann mich gar nicht sattsehen an den wunderbaren Steinfiguren. Wir umrunden die Kathedrale und betreten dann durch einen Seiteneingang das Innere. Der Eindruck ist noch überwältigender. Die wunderbaren Glasfenster sind fast alle wieder eingesetzt, eines der berühmtesten Stücke, die „Madonna vom schönen Fenster", ist gerade erst wenige Tage wieder da. Wir können uns von dem Anblick nicht losreißen. Aber dann gibt es ein Problem: Die Fremdenführer der Kathedrale möchten etwas verdienen. Sie erkennen an unserer Montur, dass wir keine Einheimischen sein können, und nähern sich in offensichtlicher Absicht.

Wir verschwinden durch den nächsten Ausgang, gehen aber um die Kathedrale herum und durch einen Seiteneingang wieder hinein, denn wir wollen weiter die wunderschönen Fenster sehen. Das Spiel mit den Fremdenführern wiederholt sich. So mache ich an diesem Tag vier Besuche in der „Krone des Abendlandes".

Nie mehr im Leben habe ich ein so intensives Erlebnis eines Kunstwerkes gehabt.

Im Lager zurück, berichten wir über unser Erlebnis mit den Fremdenführern. Diese werden daraufhin über die seltsamen Leute in Dunkelblau informiert, die dann mit Beginn der Semesterferien im Sommer 1946 täglich in zwei Vierergruppen auftauchen.

Ferienbeschäftigung

1945 hatten wir im Sommer bis zum Semesterbeginn im September genug zu tun gehabt. Es war ja viel Arbeit, den Block 1 als Seminar einzurichten. 1946 sind wir einige hundert Leute, die Ferien haben, aber nirgendwo hinkönnen. Die Gottesdienste und die Essenszeiten stehen fest – aber was tut man in der übrigen Zeit? Da kommt der Plan auf, bei der Ernte in der Umgebung zu helfen. Die Gegend um Chartres nennt man ja die Kornkammer Frankreichs. Und so kommen 165 von uns zum Ernteeinsatz. Es werden in kleinen Kommandos bis zu acht Mann eingeteilt; wohl keine dieser Gruppen kommt frustriert zurück. Im Seminarbereich gibt es natürlich auch einiges zu arbeiten. Außerdem bilden sich Sportgruppen, Lesegruppen, die gemeinsam berühmte Autoren lesen und über sie diskutieren, und Singgruppen, in denen auch ich zu finden bin.

Meine wichtigste Ferienbeschäftigung ist das Erlernen des gregorianischen Gesangs. Willi Reitzer aus Eichstätt, unser Scholaleiter, mit dem ich mich angefreundet habe, besorgt für mich einen *Liber usualis.* Jetzt lerne ich systematisch die meisten der Melodien auswendig.

Mein viertes Semester

Ende Oktober beginnt das Wintersemester 1946/47. Inzwischen sind aus Deutschland vier Dozenten freiwillig zu uns gekommen, und sie vervollkommnen das Themenspektrum sowohl im Kurs I zur Philosophie wie auch im Kurs II zur Theologie. Ich habe zwanzig Pflichtstunden, belege aber noch einige freie Angebote. Dafür nehme ich nicht am Griechischkurs teil. Ich bin unter den Jüngeren einer der wenigen, die vor der Militärzeit in einem humanistischen Gymnasium waren. Alle anderen hatten in der Oberschule kein Griechisch.

Mit dem Griechischlehrer verstehe ich mich gut. In Gesprächen bringt er mir ein ganz neues Verständnis des hellenistischen Griechisch bei, in dem das Neue Testament geschrieben ist.

Am nachdrücklichsten ist für mich die Begegnung mit Pater Ottokar Bonmann OFM, der freiwillig aus Fulda zu uns gekommen ist. Bei ihm höre ich pro Woche vier Stunden Kirchengeschichte und freiwillig noch eine Stunde „Sinn der Kirchengeschichte". Was er sagt, strahlt in alle Fächer der Theologie aus. Ich bin nicht der Einzige, der für sein Leben viele Grunderkenntnisse einsammelt.

Die Theologische Fakultät der Universität in Freiburg im Breisgau hat schon seit einem Jahr die Patenschaft für Chartres übernommen. Wichtige Examensarbeiten werden mit Freiburg abgesprochen und von dort zensiert. Ich melde mich für das Ende dieses Semester für je eine Klausur in Philosophie, Kirchengeschichte und Liturgie an. Bisher habe ich schon eine ganze Reihe Zwischenprüfungen abgelegt, kann mich aber kaum noch daran erinnern. Das hat wohl darin seinen Grund, dass wir Tag und Nacht auf engem Raum zusammenleben. So kann ich mit jedem Dozenten jederzeit ins Gespräch kommen. Mit einigen bin ich sogar per Du. Außerdem gibt es ja ständig Gespräche untereinander, über manches Thema wochenlang.

Kontakt mit Prälat Wolker

Jugendseelsorge und Jugendarbeit haben mein Leben geprägt. Das liegt zunächst daran, dass ich in die „Jugendbewegung" hineingeboren wurde. Dazu kommt, dass ich in den ersten Kriegsjahren einen Freund gewinnen kann, der in der Nähe von Altenberg wohnt. Es ist Heribert Lang. Ich habe ihm viel zu verdanken. Er kommt mehrmals zu mir nach Steinheim. Wir machen Radtouren und sprechen viel über den katholischen Jungmänner-Verband, dessen Generalpräses Prälat Ludwig Wolker[9] ist.

---

9 Ludwig Wolker (1887–1955), 1922 Gründer der Jugendbegegnungstätte Haus Altenberg bei Köln, einflussreiche Persönlichkeit der katholischen Jugendbewegung und maßgeblicher Mitarbeiter an der ersten deutschen Einheitsübersetzung des Messtextes.

Heribert ist drei Jahre älter als ich, muss natürlich Soldat werden und kommt mit der 6. Armee nach Stalingrad. An Weihnachten 1942 schreibt er mir noch einen Brief, und dann höre ich nichts mehr von ihm. Bis heute gilt er als vermisst. Seinen letzten Brief trage ich immer bei mir, bis ihn mir amerikanische Soldaten bei der Gefangennahme abnehmen.

Und nun erscheint in Chartres in den Semesterferien 1946 Josef Rommerskirchen. Seinen Namen kenne ich aus der Zeitschrift *Am Scheideweg*, die ich in den dreißiger Jahren als Mitglied der „Jungschar" bezogen habe. (In den sechziger Jahren war ich dann sieben Jahre lang für diese Zeitschrift verantwortlich.)

Rommerskirchen gründet einen Gesprächskreis „Jugendseelsorge", zu dem ich mich sofort anmelde. Jede Woche sitzen wir zwei Stunden zusammen. Die Gespräche erinnern mich wieder an meinen Freund Heribert. Das Besondere an diesem Zusammentreffen ist, dass wir in Briefverbindung mit dem Generalpräses Wolker stehen. Jeden Monat sprechen wir zwei Stunden lang über den Inhalt dieser Briefe und reden auch über ein Antwortschreiben, das Rommerskirchen verfasst.

Nach einem halben Jahr wird er aus der Kriegsgefangenschaft entlassen und wird dann der erste Bundesführer des neu gegründeten Bundes der Deutschen Katholischen Jugend (BDKJ).

Nach meiner Heimkehr geht die erste größere Reise nach Düsseldorf bzw. nach Altenberg. Ich treffe Josef Rommerskirchen und werde auch zu einem Gespräch mit dem Generalpräses Ludwig Wolker gebeten.

DU

Typisch für das Stacheldraht-Seminar ist es auch, dass die Anzahl der Insassen sich ständig ändert. Das liegt daran, dass es immer wieder Neuzugänge gibt, dass aber auch immer wieder Kriegsgefangene in die Heimat entlassen werden, weil sie für „dienstunfähig" (DU) erklärt werden. Kurz vor Beginn des Wintersemesters können so vierunddreißig Seminaristen nach Deutschland zurückkehren. Ein paar Tage darauf kommen dann fünfunddreißig Neuzugänge, und zwar aus Algerien, das ja damals noch französische Kolonie ist. In Algier hat es ebenfalls ein Stacheldraht-Seminar gegeben. Dies ist nun aufgelöst, und die fünfunddreißig Seminaristen befinden sich jetzt bei uns.

Um DU zu werden, braucht man ein ärztliches Attest. Dies kann in der Regel nur ein französischer Militärarzt ausstellen. Wenn jemand von uns krank ist, geht er zunächst zu einem deutschen Lagerarzt, und je nachdem, wie die Diagnose ausfällt, bekommt der Patient eine Medizin oder er kommt ins Krankenlager. (Wir haben in Block 1 einige Krankenzimmer. Für schwere Fälle gibt es ein Lazarett in Chartres.) Am besten ist es, wenn der deutsche Arzt den kranken Gefangenen dem französischen Arzt vorstellt, mit dem Ziel der DU-Erklärung.

Jeder hat überlegt, wie er an eine solche Erklärung kommen kann, auch ich. Ich habe eine sehr blasse Hautfarbe und jemand sagt zu mir: „Jupp, du kannst dich doch wegen Bleichsucht DU schreiben lassen." Ich melde mich also beim deutschen Arzt an; der verschiebt an meinem Auge mit dem Zeigefinger ein Stück Haut und sagt: „Nichts zu machen, das ist viel zu gut durchblutet."

Die meisten von uns kommen über Österreich frei. Österreich ist ja von Hitler unrechtmäßig annektiert worden, deswegen können die Gefangenen aus Österreich argumentieren, sie seien gezwungen worden, Soldat zu werden. Es gebe deswegen keine Rechtfertigung für ihre Kriegsgefangenschaft. Nach zähen Verhandlungen heißt es zunächst, die Österreicher dürfen nach Hause. Das führt zu einem Transport von über hundert Leuten. Später werden auch Deutsche entlassen, die durch einen Brief nachweisen können, dass sie als Gäste in einem österreichischen Priesterseminar oder Kloster aufgenommen werden. Auf diese Weise kommen einige hundert Deutsche frei, die dann allerdings bei Salzburg über die österreichische Grenze nach Deutschland geschmuggelt werden müssen.

Die Besucher

Bei uns im Lager gibt es den Spruch: Reinkommen kann jeder, rauskommen nur wenige. Damit ist gemeint, dass die Einmaligkeit des Stacheldraht-Seminars, seine Geschichte und seine Hintergründe dazu führen, dass viele Prominente uns besuchen. Man kann gar nicht alle aufzählen. Zu Beginn des Wintersemesters 1946 kommt der Bischof von Chartres, kurz davor besucht uns Erzbischof Muench, der neue Nuntius in Deutschland[10]. Er stammt aus Amerika, macht bei seinem Flug nach Deutschland eine Zwischenlandung

10 Aloysius Joseph Muench (1889–1962), 1946 Apostolischer Visitator, 1950–1959 Apostolischer Nuntius, 1959 Kardinal.

in Paris und kommt zu uns nach Chartres. Er hält eine bewegende Ansprache auf Deutsch.

Wenige Tage danach besucht uns der neue französische Militärbischof Picard de la Vacquerie. Schon als Studentenseelsorger hatte er Franz Stock in Paris kennengelernt. Später wurde er verhaftet, und im Gefängnis war Franz Stock sein Gefangenenseelsorger. Als neu geweihter Militärbischof der französischen Armee besucht er uns in Chartres. Es ist eine besonders bewegende Begegnung.

Wieder ein paar Tage später kommt Abbé Le Meur. Ihm haben wir am meisten zu verdanken. Er hat alles dafür getan, dass das Gefangenenseminar möglich wurde, er hat die Aktion geleitet, die zur Auffindung der Theologen in den Gefangenenlagern führte, und sich intensiv um unsere materielle Versorgung gekümmert. Wir können ihm nicht genug danken.

Neben Bischöfen und Generälen besuchen uns auch französische Autoren und Professoren. Auch Theologiestudenten der französischen Priesterseminare besuchen uns und können teilweise mehrere Wochen bleiben.

Jeder merkt, dass all das nicht nur der Kirche dient, sondern auch der so notwendigen deutsch-französischen Aussöhnung.

Reichtum in der Armut

In diesem letzten Semester wird deutlich, wie reich wir geworden sind. Zwar hat sich an den äußeren Umständen nichts geändert, wir schlafen in roh gezimmerten Betten auf Seegras, es gibt keine guten Waschgelegenheiten, wir haben kaum Wäsche zum Wechseln, fast alle haben nur einen Anzug und ein paar Schuhe. Das Essen ist inzwischen ausreichend, aber in anderen Bereichen sind wir reich geworden. Wir haben eine „peripatetische" Studienform gefunden. Das heißt, die Gespräche sind genauso wichtig wie die Vorlesungen, und es gibt viele Veranstaltungen neben dem Studienbetrieb: Konzerte, Singabende, Theaterstücke, Vorträge von Professoren und Literaten aus Frankreich und Deutschland zu den verschiedensten Themen. Das Kirchenjahr feiern wir auch mit seinen kleineren Festen ausgiebig.

Wintereinbruch

In der Gegend von Chartres ist es zur damaligen Zeit selten sehr kalt geworden. Daher gibt es bei Schneefall sogleich schulfrei. Schon im Januar 1946 hat es stark geschneit. Der Schnee bleibt wochenlang liegen. Die Kinder freuen sich, aber wir haben Probleme. In unserer großen Halle gibt es keine Heizung, weder in der Kapelle noch im Speise- und Vorlesungssaal, noch in unserem riesigen Bettenraum. Zum Schlafen zieht jeder an, was er hat, denn in der Nacht ist es am kältesten. Da unsere Waschgelegenheiten im Freien stehen, sind sie eingefroren.

Im Dezember 1946 gibt es schon wieder einen Kälteeinbruch, und zwar genau mit Beginn der Weihnachtsferien. Unsere große Halle hat ein Tonnengewölbe, das nun mit einer weiß glitzernden Raureifschicht überzogen ist. Wieder ist alles zugefroren, selbst in der Küche ist das Wasser zu Eis erstarrt. Im ganzen Block gibt es nur einen Wasserhahn, der noch funktioniert. Seit einiger Zeit stehen zwei Öfen im Speisesaal, das nützt aber gar nichts. Doch wir haben gelernt, uns durch äußere Umstände nicht beeindrucken zu lassen. So wird Weihnachten wie geplant vorbereitet. In der Kälte findet auch ein Gottesdienst mit dem Bischof von Chartres statt, in dem er auch zwei Diakone weiht und die sogenannten niederen Weihen spendet.

Am Heiligen Abend lässt der Frost etwas nach und am ersten Feiertag taut es gewaltig. Der Reif löst sich vom Gewölbe und fällt verbunden mit dem Dreck der Decke herab, auf Betten, Tische, Bänke, Köpfe und auf das Essgeschirr. Aber auch das hindert uns nicht, Weihnachten in vollen Zügen zu feiern.

Franz Stock in Mainz

Unser Regens Franz Stock bekommt Anfang Februar die Erlaubnis, nach Deutschland zu reisen. Er besucht zunächst Freiburg, dann Mainz, später auch Frankfurt und Baden-Baden. Am Fastnachtsdienstag erzählt er uns von seiner Reise. Von Mainz berichtet er, dass die Stadt sehr stark zerstört sei. Im dortigen Priesterseminar habe er zehn Studenten getroffen, die zuvor in Chartres waren. Die neu gegründete Universität habe die Studien in Chartres anerkannt. Das ist für uns Mainzer eine gute Nachricht. Denn von anderen wissen wir, dass sie nach ihrer Heimkehr Schwierigkeiten haben.

Eine kalte Dusche für mich

In der Zwischenzeit sind die Termine für die Examina festgelegt worden. Aus Freiburg kommt eine Prüfungskommission für das Abitur vom Kultusministerium und eine Prüfungskommission für die Studienfächer von der Theologischen Fakultät der Universität.

Dann trifft mich ein harter Schlag. Ich bekomme einen Brief vom Direktor meines Gymnasiums in Frankfurt, in dem er mir mitteilt, dass meine Hochschulreife von der Regierung des neuen Landes Hessen für ungültig erklärt worden sei. Was soll ich machen? Ein akademisches Examen gilt nur mit Abitur. Mit wem ich auch über mein Dilemma spreche, keiner weiß einen Rat. Ich entschließe mich, zum Leiter des gymnasialen Kurses in unserem Lager zu gehen. Ihm schildere ich meine Situation. Zunächst ist auch er ratlos, aber dann macht er einen Vorschlag. Es gebe neben der normalen Abiturprüfung auch die Möglichkeit eines Notabiturs für Kriegsteilnehmer. Seiner Meinung nach gehöre ich zu den Berechtigten. Das Kultusministerium von Südbaden in Freiburg fordere für das Notabitur eine Prüfung in vier Fächern. Wenn ich mir also zutraue, an der kommenden Abiturprüfung in vier Fächern teilzunehmen, und diese bestehen würde, könne ich das Notabitur schaffen, ohne am Unterricht in Chartres teilgenommen zu haben. Wenn ich dies wagen wolle, werde er mich zulassen.

Ich sage sofort zu, verlasse den freundlichen Herrn und überlege tagelang, welche vier Fächer ich wählen soll. In zwei Fächern muss ich eine schriftliche Arbeit abliefern. Ich entscheide mich für Latein und Biologie. Für die mündliche Prüfung wähle ich, wenn ich mich recht erinnere, Musik und Deutsch.

Die anstehende Klausur in Philosophie sage ich nicht ab, obwohl sie sinnlos erscheint, aber inhaltlich ist sie mir viel wichtiger als eine Abiturprüfung.

So bekommt man eine Eins in Latein

Ich soll meine Lateinarbeit mit der Gruppe Latein III (Fortgeschrittene) schreiben. Einige Tage später besuche ich an einem Nachmittag die Lateinstunde dieser Gruppe in der alten Kapellenbaracke. Über fünfzig Leute sitzen da. Ich setze mich in die letzte Reihe. Paul Wenzel, unser Philosoph, kommt. Er ist auch Lateinlehrer.

Während der Stunde werden in mir allmählich Erinnerungen an mein Gymnasium in Frankfurt wach. Und dann höre ich einen

Satz, der mich hellhörig macht. Paul sagt: „Ihr werdet doch noch zehn Verse von Ovid übersetzen können." Wenn das nicht ein Hinweis auf die Abiturarbeit ist!

Am nächsten Morgen schwänze ich eine Vorlesung und gehe in die Bibliotheksbaracke. Und dort suche ich nach Ovid und finde tatsächlich einen Sammelband in lateinischer Sprache. Ich leihe das Buch aus.

Nach meiner Überlegung müssten die zehn Verse aus den Metamorphosen sein. In dem Sammelband sind über hundert Seiten davon abgedruckt. Ich prüfe Seite um Seite. Wichtig sind die Schlusspunkte an den Zeilenenden. Wenn ein Abstand zwischen mehreren Punkten zehn Zeilen beträgt, notiere ich das. Auf der letzten Seite der Metamorphosen-Auswahl finde ich den Epilog. Er hat genau zehn Zeilen.

Ich bin sicher, dass dies der Text für die Lateinarbeit ist. Das sage ich anderen weiter, die ich beim Unterricht gesehen habe, bitte aber um Geheimhaltung. Nur die Betroffenen der Gruppe Latein III dürfen das wissen. Die Geheimhaltung gelingt tatsächlich, aber die meisten Kollegen halten mich für übergeschnappt. Zehn oder elf stimmen mir zu.

Wir setzen uns zusammen und stellen eine Grundübersetzung des Epilogs her. Dann sprechen wir ab, dass jeder den Text auf seine Weise verbessert und ihn auswendig lernt, denn Spickzettel sind verboten. Alle halten sich daran.

Ovid hat die Metamorphosen in Hexametern geschrieben, deshalb forme ich meinen Text in deutschen Hexametern.

Der Tag der schriftlichen Lateinarbeit kommt. Wir sitzen im Speisesaal, an mehreren Tischen. Zwei nicht betroffene Gymnasiasten bringen Tafeln, auf denen der Text, den wir übersetzen sollen, mit Kreide geschrieben ist. Die beiden Tafeln sind so zusammengefaltet, dass man den Text noch nicht lesen kann. Aber der hintere Träger stolpert und bei ihm gehen die Tafeln oben um zwanzig Zentimeter auseinander und einer von uns ruft laut: „Jam!" Damit ist klar: Wir haben gewonnen, denn Ovids Epilog beginnt mit den Worten: „Jamque opus exequi".

Etwa eine Woche später spricht mich Paul Wenzel an. Er sagt: „Es hat erstaunlich viele Einser gegeben, zwölf Stück. Wie kommst du dazu, in Hexametern zu schreiben?" Ich lege ein Geständnis ab, und Paul wird böse. „Die Arbeit ist ungültig, ihr müsst noch einmal schreiben." Ich widerspreche. Da wir uns in fünf Minuten nicht einigen können, gehen wir zum Direktor und schildern ihm den Fall. Er entscheidet: „Die Examinanden haben Recht, denn sie haben nichts Falsches getan. Es ist niemals falsch, seinen Verstand zu benutzen.“

Biologie und Mathematik

Einige Tage nach der Lateinarbeit schreibe ich im Fach Biologie. Wir sind nur wenige und sitzen in einer Ecke unseres riesigen Schlafsaals. Das Thema ist die Darstellung der Mendel'schen Gesetze. Ich bin hocherfreut, denn da kenne ich mich aus, auch weil die Mathematik eine große Rolle spielt. In den fünfundvierzig Minuten errechne ich von Generation zu Generation die Anzahl der verschiedenen Varianten. Das Ergebnis sind enorm hohe Zahlen.

Der Studienrat erschrickt bei der Korrektur offenbar sehr über meine Berechnungen, und weil er denkt, sie könnten nicht stimmen, gibt er mir eine Vier. Als ich das erfahre, stelle ich ihn zur Rede und behaupte, ich hätte richtig gerechnet. Da er mir nicht glaubt, wird der Fall wieder dem Direktor vorgetragen. Der holt einen Mathematiker, und dieser gibt mir natürlich recht. So bekomme ich auch in der zweiten schriftlichen Prüfung eine Eins.

Die mündlichen Prüfungen finden in Gegenwart der Vertreter der Südbadischen Regierung statt. Ich werde zu keiner einzigen aufgerufen. Die Herren sind voll des Lobes über das Bildungsniveau bei uns im Lager.

Über unsere Noten wird in Freiburg endgültig entschieden. Und das dauert seine Zeit. So kommt es, dass ich nie erfahre, wie mein Notabitur-Zeugnis aussieht. Da zum Zeitpunkt der Versendung das Stacheldraht-Seminar schon aufgelöst ist und wir uns bereits in Deutschland befinden, schickt das Kulturministerium in Freiburg mein Zeugnis an das Priesterseminar in Mainz. Ich sehe es nie, weil es sofort an das Kultusministerium von Rheinland-Pfalz weitergegeben wird, als Voraussetzung der Studienerlaubnis für die Universität Mainz.

Das Gesetz in Rheinland-Pfalz schreibt für das Notabitur jedoch fünf Fächer vor. So verweigert man mir die Studienerlaubnis in Mainz. Der Mainzer Bischof Stohr setzt sich nachdrücklich für mich ein, und so bekomme ich nach einigem Hin und Her die Erlaubnis, an der Mainzer Universität Theologie zu studieren, darf aber in keinem anderen Fach Vorlesungen hören oder Prüfungen ablegen.

Philosophie-Klausur

Ich muss damit rechnen, dass mein Philosophie-Studium in Mainz nicht anerkannt wird, weil ich es angetreten habe, ohne ein gültiges Abitur zu besitzen. Trotzdem nehme ich an der schriftlichen Prüfung am Ende des Semesters teil. Die Aufgaben sind von der Universität Freiburg ausgewählt. Wieder habe ich Glück. Eines der Themen lautet: „Omne ens est bonum – Alles Seiende ist gut, nach Thomas von Aquin". Dieser Satz gehört ja zu meinem Einstieg in das philosophische Denken. Als Grundlage erhalten wir einen kurzen Text von Thomas von Aquin über Grundsätzliches zum Guten.

Ich habe keine Schwierigkeiten, etwas Vernünftiges zu schreiben, und bekomme dann von der Fakultät in Freiburg eine Eins. Und der Professor fragt mich, ob ich bei ihm nicht in Philosophie promovieren wolle.

Bei der Heimkehr nach Deutschland habe ich eine Bescheinigung über das Studium von vier Semestern Philosophie in Chartres in der Tasche. Da niemand die Daten von Studium und Notabitur vergleicht, werden die vier Semester Philosophie von der Universität Mainz anerkannt. Mit zwei anderen habe ich aber das vierte Philosophie-Semester noch einmal wiederholt. Wir hätten sonst vier Wochen nach der Heimkehr bereits die philosophische Abschlussprüfung in Mainz ablegen müssen, ohne einen der Professoren zu kennen.

Unvergessliche Osterfeier

Am 13. März 1947 verkündet Abbé Johner: Das Stacheldraht-Seminar wird zum 1. Mai aufgelöst, deshalb wird es kein weiteres Semester geben. So entsteht eine neue spannende Situation. Die mündlichen und schriftlichen Prüfungen haben Abschlusscharakter. Aus Freiburg kommt, vom Kultusministerium zusammengestellt, eine große Prüfungskommission für Abitur, Philosophie und Theologie. In jeder Ecke sitzen Leute bei schriftlichen Arbeiten oder mündlichen Prüfungen. Dazwischen gibt es Referate der Gäste aus

Besuch zu Ostern 1947 mit (erste Reihe v.l.) dem General für die Kriegsgefangenen Buisson, Nuntius Roncalli und Bischof Harscouët von Chartres.

Verköstigung der Besucher im Gefangenenlager mit Blechtellern und Blumen in Patronenhülsen: In der Mitte Nuntius Roncalli, rechts von ihm Regens Abbé Stock und ganz rechts Abbé Johner, der französische Betreuer des Gefangenenseminars; links im Bild die Sekretäre von Nuntius und Ortsbischof.

Freiburg, ein Brief von Reinhold Schneider[11] an uns wird vorgelesen und Ostern kündigt sich an.

Vor Palmsonntag ist der Studienbetrieb zu Ende. Wir begehen zusammen die Karwoche. Das bleibt allen unvergesslich. Am Karsamstag kommt Nuntius Roncalli und feiert mit uns die Liturgie, wie damals üblich am frühen Morgen. Das Besondere: Drei Firmungen, einige niedere Weihen und zwei Priesterweihen sind in die große Feier integriert. Sie dauert über vier Stunden. Aber wir sind alle ganz dabei. Wir merken: Das ist der Höhepunkt des Seminars in Chartres.

Um 11:00 Uhr besucht uns der General für die Kriegsgefangenen. Er hält eine beeindruckende Rede, erzählt, dass er mehrere Jahre in deutscher Kriegsgefangenschaft war, schon hingerichtet werden sollte, aber wieder frei kam. Nur eine Versöhnung zwischen Frankreich und Deutschland könne weiteres Unheil verhindern. Er sei sicher, wir seien nach der Heimkehr Boten dieses notwendigen Friedens.

Am Ostersonntag finden dann zwei Hochämter statt, jeweils mit einem der Primizianten.

Langer Abschied

Nach der Osterfeier ist alles geprägt vom bevorstehenden Ende des Seminars im Gefangenenlager. Uns überkommen ganz eigenartige Stimmungen. Auf der einen Seite hält uns nichts zurück. Wir wollen nach Hause. Selbst die, die ihre Heimat verloren haben, wissen ein Ziel in Deutschland. Auf der anderen Seite kann man sich gar nicht vorstellen, diese Gemeinschaft von Chartres zu beenden. Wir sind so sehr zusammengewachsen, dass wir empfinden, es müsse so bleiben. In den nun noch häufigeren Gesprächen finde ich keinen, dem es nicht ebenso ergeht wie mir.

Zunächst gibt es keine Vorlesungen mehr und auch keinen gymnasialen Unterricht. Trotzdem ist reger Betrieb. Schon in der Osterwoche gibt es ein Kammerkonzert, am Weißen Sonntag ein Orchesterkonzert, später eine Kunstausstellung und dann eine Aufführung des *Jedermann*.[12]

---

11 Reinhold Schneider (1903–1958), vielgelesener Autor der Kriegs- und Nachkriegszeit.

12 Theaterstück (1911) von Hugo von Hofmannsthal.

Ein besonderer Tag ist der 26. April, der zweite Jahrestag der Gründung unseres Seminars in Orléans. Regens Franz Stock hält eine bewegende Ansprache. Einen Satz vergesse ich nicht: „In den Stürmen der Welt wird sich zeigen, ob die Einsamkeit dieses Seminars uns nicht weltfremd gemacht hat." Alle haben nach der Heimkehr erfahren, dass dies nicht zutraf. Eine Reihe unserer französischen Freunde sind anwesend und sprechen bewegende Abschiedsworte.

Am 7. Mai besucht uns der Bischof von Mainz, Albert Stohr[13]. Wir Mainzer sind natürlich besonders erfreut. Er hält eine Rede, die uns begeistert, uns aber auch sehr nachdenklich macht. Auch hier ein Satz: „Ihr habt hier viel gelernt. Aber ihr werdet noch viel mehr lernen". Am 10. Mai nehmen wir Abschied von Raoul Harscouët, unserem geliebten Bischof von Chartres. Vom ersten Tag unserer Anwesenheit im Lager 501 an hat er uns mit seiner Freundlichkeit und Hilfe begleitet. Kardinal Suhard von Paris[14] kann wegen Krankheit am zweiten Jahrestag des Seminars nicht teilnehmen. Er besucht uns am 14. Mai, einen Tag vor unserer Abreise. Der gütige alte Herr beeindruckt uns sehr.

In diesen ersten Maiwochen bereiten wir uns auch auf die Abfahrt vor. Wir haben zwar kaum Kleider oder Wäsche einzupacken, dafür aber Bücher, Manuskripte, Instrumente oder auch Handarbeiten. Koffer sind Mangelware, aber irgendwie bekommt jeder sein Paket zusammen.

Meine eigene Situation

In den letzten Tagen von Chartres denke ich auch viel über mich nach. Über fünfzig Monate bin ich im Kriegseinsatz und Kriegsgefangener. Mit sechzehn Jahren musste ich in die Flakstellung, mit zwanzig Jahren darf ich nun nach Hause zurück. Für damalige Verhältnisse bin ich noch nicht einmal volljährig. Die ganze lange Zeit habe ich Befehle ausführen müssen, wie alle, die das gleiche Schicksal haben. Die letzten beiden Jahre habe ich hinter Stacheldraht verbracht. Und doch habe ich Freiheit, und zwar mehr Freiheit, als man sich vorstellen kann. Die Ursache dafür ist der christliche Glaube. Er sagt mir, dass ich irgendwie geborgen bin, selbst wenn ich keine Sicherheit sehe. So habe ich mich entschieden, Priester zu werden,

13 Albert Stohr (1890–1961), seit 1935 Bischof von Mainz.

14 Emmanuel Célestin Suhard (1874–1949), seit 1940 Erzbischof von Paris.

um diese Zuversicht weiterzugeben. Nach meinen Begabungen hätte ich Mathematiker oder noch besser Musiker werden sollen. Aber meine Lebenserfahrung zeigt mir einen anderen Weg. Mir ist jedoch klar, dass ich die Mathematik und vor allem die Musik nicht lassen kann. Damit dies aber meinem zukünftigen Beruf nicht schadet, nehme ich mir vor, mich in beiden Lieblingsbereichen auf das Elementare zu beschränken. Für den Priesterberuf nehme ich mir vor, in die Seelsorge zu gehen und keine akademische Laufbahn einzuschlagen.

Abschied an Christi Himmelfahrt

Wir Insassen von Block 1 des Gefangenenlagers werden in zwei Zügen der Eisenbahn nach Deutschland gebracht. Ich bin für den südlichen Zug eingeteilt. Am Nachmittag von Christi Himmelfahrt werden wir mit unserem Gepäck zu einem Bahnhof in der Nähe gebracht. Dort steht ein Personenzug der französischen Bahn. Es dauert zwei Nächte und zwei Tage, bis wir in Tuttlingen an der Donau ankommen und in einem dortigen Gefangenenlager noch eine Nacht verbringen.

Dann sind wir frei.

Vor unserem Abschied aus dem Lager feiern wir noch ein Hochamt und eine Vesper. Das Wort Eucharistie, Danksagung, beziehen wir ganz besonders auf uns, auf das, was uns mit dem Seminar in Chartres geschenkt ist. Das bleibt mir unvergesslich. Wir sind in den zwei Jahren so zusammengewachsen, dass es uns schwerfällt, nun auseinanderzugehen.

Mir persönlich bleibt ein Satz des Vesper-Hymnus im Gedächtnis. Er sagt von Jesus:

„Sis meta nostris cordibus –
Sei die Wendemarke für unsere Herzen.“

Weiterführende Literatur zum Stacheldrahtseminar und zu Abbé Franz Stock

Religion: Barbed-Wire Seminary. In: Time. Monday, June 03, 1946.

Anton Albert, Das war Abbé Stock. Freiburg, Basel, Wien 1960

Erich Kock, Franz Stock. Priester zwischen den Fronten. Mainz 1964

Rolf Wilkening, Die Kriegsgefangenen-Priesterseminare im Zweiten Weltkrieg. In: Kurt Böhme, Zur Geschichte der deutschen Kriegsgefangenen des zweiten Weltkrieges, Bd. XIII. Bielefeld 1971

Dieter Lanz, Abbé Stock. Die Herausforderung annehmen. Arnsberg 1985

René Closset, Er ging durch die Hölle. Franz Stock. Paderborn [4]1983. Leipzig 1988, 301 S.

Karl Heinz Kloidt (Hg.), Chartres 1945. Seminar hinter Stacheldraht. Eine Dokumentation. Freiburg, Basel, Wien 1988

Charles Klein, Et moi, je vous dit: „Aimez vos ennemis". L'Aumônerie catholique des prisonniers de guerre 1944–1948. Paris 1989

Theophil Roth, Meine Erinnerungen an das Seminar hinter Stacheldraht in Chartres 1945–1947. Communitas Carnutensis 1993, 63 S.

Walter Ohler und Christophe Baginski, „Der Herr hat uns hierhergebracht... " Gefangenschaft und Theologiestudium in den französischen Lagern Chartres und Montpellier 1945–47. Landau 1999, 244 S.

Dieter Lanz, Abbé Franz Stock: Kein Name – ein Programm. Paderborn 2001

Alhard-Mauritz Snethlage, „Pour la paix entre les partries". Franz Stock und das Priesterseminar im Kriegsgefangenenlager von Chartres. Diplomarbeit Freiburg 2006.

Franz Stock und der Weg nach Europa. Katalog zur Ausstellung vom 20. Mai bis 26. August 2012 im Sauerland-Museum des Hochsauerlandkreises in Arnsberg. Red. Thomas Bertram. Arnsberg 2012, 184 S.

Lauren N. Faulkner, Franz Stock and the "Barbed-Wire Seminary" at Le Coudray, France, in: Contemporary Church History Quarterly 19 (2013), (No 1 March)

Raymond Loonbeek, Franz Stock. Menschlichkeit über Grenzen hinweg. 488 S., mit Fotos und Zeichnungen. St. Ottilien 2015

Französisches Nachrichtenvideo (1989) mit einigen historischen Filmaufnahmen aus dem Stacheldrahtseminar:

https://www.youtube.com/watch?v=HnT1I-OuMB4

Franz Stock – Deutschsprachiges Videoportrait u.a. mit historischen und aktuellen Aufnahmen vom Gelände des Stacheldrahtseminars:

https://www.youtube.com/watch?v=POq64foVu3w

Informationen im Internet zu Abbé Franz Stock und dem laufenden Seligsprechungsverfahren:

http://www.franz-stock.org/

(Gabriela Hart)

Franz Stock (1904–1948)

Lebensdaten von Josef Seuffert

01.06.1926	Geburt in Steinheim am Main
03.06.1926	Taufe auf den Namen Franz Josef
1932	Volksschule
1937	Altsprachliches Gymnasium Groß Auheim/ Frankfurt
17.02.1943	Luftwaffenhelfer in Schwanheim / Frankfurt
	Gymnasialunterricht in der Flak-Stellung
Ostern 1944	Reichsarbeitsdienst in Osterholz-Scharmbeck bei Bremen
01.07.1944	Infanterie-Ausbildung in Siegen in Westfalen
01.10.1944	Reserve-Offiziers-Ausbildung in Butzbach
26.11.1944	Fahrt zum Fronteinsatz
10.12.1944	Fronteinsatz Colmar /Kaysersberg / Riquewihr im Elsass
12.12.1944	Kriegsgefangenschaft durch Amerikaner
14.12.1944	Auslieferung an Franzosen
17.12.1944	Arbeitskommando: Verpflegungslager der 1. Französischen Armee
01.04.1945	Stammlager an der Untermosel
16.06.1945	„Stacheldraht-Seminar“ in Orléans
17.08.1945	Übersiedlung nach Chartres
	4 Semester Philosophie / Notabitur
Ende Mai 1947	Entlassung und Heimkehr
	Weiterstudium in Mainz
1949 bis 1952	Gesangbuch-Kommission Mainz
15.07.1951	Priesterweihe
12.01.1952 bis 31.03.1960	Kaplan (Weisenau, Kelsterbach, Gau-Algesheim, Viernheim)

Nebenaufgaben ab 1952	Leiter des „Laienspielwerk der Diözese Mainz“ (Beratung, Ausbildung); Betreuer der Volkstanzgruppen (Beratung, Ausbildung); Betreuer der Singgruppen, die keine Kirchenchöre sind (Beratung, Ausbildung).
01.04.1960	Bundeskurat der KJG (Katholische Jungmänner Gemeinschaft) in Düsseldorf; dazu: Beauftragter der Bischofskonferenz für die Katholischen Jugendzeitschriften, Verantwortung für überregionale Jugend-Gottesdienste, Leiter der Musik-Kommission des BDKJ; Lektor des Verlags „Haus Altenburg“
1963	Mitglied der Kommission für das Einheits-Gesangbuch
Januar 1964	Vorsitz der Unterkommission „Psalmen“
März 1967	Sekretär für das Einheits-Gesangbuch (EGB), Gründungsschriftleiter der Zeitschrift „Gottesdienst“ (bis Dez. 1968)
1969	Katholischer Sekretär der AÖL (Arbeitsgemeinschaft für Ökumenisches Liedgut)
1971 bis 1975	Berater an der Gemeinsamen Synode der Bistümer der Bundesrepublik Deutschland in Würzburg
Dezember 1972	Leiter der Redaktions-Kommission für das Einheitsgesangbuch
01.10.1975	Seelsorge-Amts-Leiter in Mainz
September 1976	Firmvollmacht (522 Firmungen mit 22.000 Firmlingen)
1981	Domkapitular
1987	Geistlicher Beirat für die Sozial-Ethische Arbeitsstelle der Bischofskonferenz in Hamm/Westfalen
1996	Pensionierung

Auswahlbibliographie von Josef Seuffert

I. Selbstständige Publikationen

Franz und Adolf: Ein Junge erlebt die Nazizeit 1933 bis 1943. Düsseldorf: Verl. Haus Altenberg 1962. 147 S.

Franz muss in den Krieg: Ein Junge in Hitlers Armee. Düsseldorf: Verl. Haus Altenberg 1964. 171 S.

Freudig zur Verantwortung: Weisheit aus dem Alten Testament; Betrachtungen für Verantwortliche und Mitarbeiter in katholischen Gemeinschaften. Düsseldorf: Verl. Haus Altenberg 1964; 2. Aufl. 1968. 64 S.

Brot für Gottes Volk: Betrachtungen zur Eucharistie. Düsseldorf: Verl. Haus Altenberg 1965. 64 S.

J.S. unter Mitarb. von Alois Albrecht u.a., Führerschulung in der Pfarrei. Düsseldorf: Verl. Haus Altenberg 1966. 78 S.

Das Gebet des Christen: Randbemerkungen zu etwas Lebendigem. Düsseldorf: Verl. Haus Altenberg 1966. 64 S.

Wenn ich der Teufel wäre ...: geistliche Glossen über das christliche Gewissen, Illustrationen von Paul Reding . Düsseldorf: Verl. Haus Altenberg, 1966; 2. Aufl. 1968. 51 S.

Gebet im Alltag: Kurzandachten, Meditationen. München: Don–Bosco-Verl. 1974; 2. Aufl. 1975. 256 S.

Herr, bleibe bei uns: Gebete für ältere Menschen. München: Don-Bosco-Verl., 1976; 5. Aufl. 1985. 104 S.

Unter uns ist Gottes Geist: ein Buch zur Firmung. Mainz: Grünewald 1979; 3. Aufl. 1980. 116 S. (ausgezeichnet als bestes Sachbuch bei der Verleihung des ersten Kinderbuchpreises der Deutschen Bischofskonferenz)

Du gibst uns das Leben: ein Buch zur Kommunion. Mainz: Matthias-Grünewald-Verl. 1979; 2. Aufl. 1984. 116 S.

(Hg.) Einander anvertraut: ein Buch zur Ehe. Mainz: Matthias-Grünewald-Verl. 1981. 108 S.

Lebendige Zeichen: kleine Fibel christlicher Symbole. Freiburg [u.a.]: Herder 1983; 4. Aufl. 1988. 95 S. (1985 italien. Übersetzung)

(Hg.) Der Herr lädt uns alle ein: Geschichten zur Erstkommunion. Mainz: Matthias-Grünewald-Verl. 1984; 5. Aufl. 1992. 32 S.

(Hg.) Gott traut dir zu ein Christ zu sein: Geschichten zur Firmung. Mainz: Matthias-Grünewald-Verl. 1985; 4. Aufl. 1986. 32 S.

Thomas Morus: Mosaik eines Mannes. München: Don-Bosco-Verl. 1985. 152 S.; 2. veränd. Auflage 1999 (1989 Samisdat-Ausgabe in Slowakisch)

Rund ums Rauchfaß: neue Ministrantengeschichten. Freiburg [u.a.]: Herder 1987 (vier Auflagen). 119 S.

In Gottes Hand gegeben: zur Taufe unseres Kindes. Mainz: Matthias-Grünewald-Verlag 1987. 48 S.

Auf Ostern zu: Gedanken für jeden Tag in der Fastenzeit. München: Don-Bosco-Verl. 1988. 103 S.

Komm, du Heiland aller Welt: Gedanken für jeden Tag im Advent und in der Weihnachtszeit. München: Don-Bosco-Verl. 1989. 96 S.

J.S. mit Edmund Lutz, Du mein Gott: Beten im Alter. München: Don-Bosco-Verl. 1992. 128 S.

II. Liturgische und musikalische Werkbücher sowie Materialien zur Gottesdienstgestaltung

Einzelveröffentlichungen:

Unsere Gottesdienste: was erwarten wir vom Gottesdienst? Materialheft für den lebenskundlichen Unterricht. Bonn: Kath. Militärbischofsamt 1969. 36 S.

Kirche auf dem Weg: neue Gottesdienste für Lager und Freizeit, Club, Gruppe und Kreis. Düsseldorf: Verl. Haus Altenberg 1969. 125 S.

Kantorendienst: kleine Schule des Vorsingens im Gottesdienst. Trier: Paulinus-Verl. 1970. 112 S.

Die Weihnachtsmette. Boppard, Rhein: Fidula-Verl. [1953]. 15 S.

Die Wahrheit wird euch frei machen: Material zur Predigt am Dreifaltigkeitssonntag; Bekenntnistag Düsseldorf: Bischöfliche Hauptstelle für Jugendseelsorge 1961. 15 S.

In unserer Mitte: Gottesdienste f. Frauengemeinschaften u. Familiengruppen. Düsseldorf: Klens-Verl. 1972 u.ö.

Proprium 1–20: deutsche Proprien. Düsseldorf: Verl. Haus Altenberg 1962–1970

Kantorendienst: kleine Schule des Vorsingens im Gottesdienst. Trier: Paulinus-Verl.; Leipzig: St.-Benno-Verl. 1971. 102 S.

J.S. mit Anton Bauer, Werkheft zur Gemeindevesper. Freiburg [u.a.]: Seelsorge-Verl. [u.a.] 1971. 73 S.

Die Botschaft der Heiligen Nacht. Ulm: Süddt. Verl.-Ges. 1975. 44 S.

Der Herz-Jesu-Freitag : Modelle für Meßfeiern u. Andachten. München: Don-Bosco-Verl. 1977; 3. Aufl. 1980. 156 S.

Die Botschaft der Osternacht. Ulm: Süddt. Verl.-Ges. 1977. 64 S.

Bittet den Herrn der Ernte: Meßfeiern und Andachten für geistliche Berufe. München: Don-Bosco-Verl. 1979. 195 S.

Adventskalender für Erwachsene. Ulm: Vaas 1979. 63 S.

Marientage im Kirchenjahr: Meßfeiern und Andachten. München: Don-Bosco-Verl. 1980; 2. Aufl. 1987. 252 S.

Maiandachten. München: Don-Bosco-Verl. 1983; 3. Aufl. 1986. 105 S.

Advent. Werktagsmessen und Andachten. München: Don-Bosco-Verl. 1983; 2. Aufl. 1985. 128 S.

Fastenzeit. Werktagsmessen und Andachten. München: Don-Bosco-Verl. 1985. 186 S.

Kommt, wir beten ihn an: Werkbuch zur Eucharistieverehrung; Aussetzung und Segen, Fronleichnam, eucharistische Gebetsstunden. Freiburg [u.a.]: Herder, 1985; 2. Aufl. 1988. 150 S.

Reihe „Wortgottesdienste“:

1. Wortgottesdienste: ein Werkheft. Düsseldorf: Verl. Haus Altenberg, 1965. 79 S.

2. Wortgottesdienste. Advent, Weihnachten, Epiphanie. Ebd. 1967. 76 S.

3. Wortgottesdienste. Fastenzeit, Passionszeit. Ebd. 1968. 78 S.

4. Wortgottesdienste. Friede, Einheit, Kirche. Ebd. 1968. 76 S.

5. Wortgottesdienste. Osterzeit, Pfingsten. Ebd. 1970. 78 S.

Reihe „Neue Liedblätter“

hrsg. im Auftr. der Bundesführung des Bundes der Deutschen Katholischen Jugend. Die Auswahl besorgte ein Arbeitskreis unter Leitung von Josef Seuffert

Hefte 1–4. Freiburg i. Br.: Christophorus-Verl. 1966–1968. Je 16 S.

Reihe „Hilfen für den Gottesdienst“
hrsg. v. Josef Seuffert

Das Eröffnungswort in der Messfeier: Modelle für die Begrüßung und Einführung. München: Don-Bosco-Verl. 1970. 80 S.

Eucharistie für Kranke: Krankenkommunion Hausmesse Eucharistiefeier im Altenclub Krankentag. München: Don-Bosco-Verl., 1971. 117 S.

Fürbitten: Anleitung und Modelle. München: Don-Bosco-Verl. 1971. 111 S.

J.S. mit Anneliese Lissner und Anton Kalteyer, Kinder feiern Gottesdienst: Modelle, Texte, Anregungen, München: Don-Bosco-Verl. 1972. 103 S.

Begräbnisansprachen, München: Don-Bosco-Verl. 1973. 82 S.

Trauungsansprachen. München: Don-Bosco-Verl. 1973. 93 S.

J.S. mit Elmar Gruber, Taufansprachen. München: Don-Bosco-Verl. 1974. 123 S.

Werkbuch zum „Gotteslob“
hrsg. im Auftr. der Kommission für das Einheitsgesangbuch von Josef Seuffert unter Mitw. von Rupert Berger, Günter Duffrer und Erhard Quack (jeweils mehrere Auflagen und verschiedene Teil-Ausgaben):

Bd. I–IX. Freiburg i. Br. 1975–1979. Insges. 2.925 S.

Neues Werkbuch zum „Gotteslob“
hrsg. von Josef Seuffert unter Mitw. von Rupert Berger, Günter Duffrer und Franzrudolf Weinert

Bd. I–IV. Freiburg i.Br. 1990–1993. Insges. 987 S.

Die vorangegangene Liste wurde erstellt anhand der Datenbank des Bibliotheksverbundes Bayern. Eine umfangreiche maschinenschriftliche Bibliographie von Prälat Josef Seuffert weist außerdem 905 kleine Beiträge aus für Pfarrblätter, Taschenkalender, Werkmappen und Zeitschriften katholischer Vereine sowie von 1967 bis 1976 Editorials und Beiträge für die Zeitschrift „Gottesdienst. Information und Handreichung der Liturgischen Institute Deutschlands, Österreichs und der Schweiz“. Eine Liste mit 691 Nummern zählt von Josef Seuffert stammende liturgische Texte bzw. Kehrverse und Lieder auf.

(Barbara Nichtweiß)

Mainzer Perspektiven
hg. von Barbara Nichtweiß

Mainzer Perspektiven aus der Geschichte des Bistums (ISSN 1434 – 2774)

1. Christoph Stoll, *Mächtig in Wort und Werk. Bischof Wilhelm Emmanuel von Ketteler,* 99 S. mit vielen Abb., 1997

2. Martina Rommel / Karl Lehmann, *Stationen der Hoffnung: Katholikentage in Mainz 1848–1998,* 184 S. mit vielen Abb., 1998

3. Friedrich Prinz / Rudolf Schieffer / Hans Maier / Werner Goez, *Säulen der Mainzer Kirche im ersten Jahrtausend:* Martinus – Bonifatius – Hrabanus Maurus – Willigis, 82 S., 1998

4. „Wir pflanzten das Kreuz auf Trümmer, Gräben und Hügel." *75 Jahre Katholisches Jugendwerk* in Mainz 1930–2005, 120 S. mit vielen Abb., 2005

5. Georg May, *Bischof Joseph Ludwig Colmar* (1760–1818) als Seelsorger. 104 S. mit 10 Abb. Mainz 2010

6. Sabine Gruber / Ralph Zade, „Von Babylon nach Jerusalem". Die Schriftstellerin Ida Hahn-Hahn (1805–1880). 48 S. mit 24 Abb., 2011

7. Die Zeit ist ein Bote Gottes. *Der heilige Peter Faber SJ* und sein Wirken in Mainz, hg. von Christoph Nebgen, 104 S. mit 27 Abb., Würzburg/Mainz 2014

8. Josef Seuffert, *Gesang hinter Stacheldraht.* Erinnerungen an das Priesterseminar für Kriegsgefangene in Orléans und Chartres 1945–47, 104 S. mit 15 Abb., Mainz 2015

Zuletzt erschienen in der Reihe: Mainzer Perspektiven. Das Wort des Bischofs (ISSN 0947 – 6911)

5. *Kleiner Wegbegleiter zu Gelegenheiten des Glaubens und Lebens,* hg. zum 75. Geburtstag des Bischofs von Mainz von Barbara Nichtweiß im Auftrag des Bistums Mainz, Hardcover, 192 S. mit 16 Abb., 2011

Zuletzt erschienen in der Reihe: Mainzer Perspektiven. Orientierungen (ISSN 0947 – 692X)

6. Karl Kardinal Lehmann / Michael Kißener, *Das letzte Wort haben die Zeugen: Alfred Delp*, 64 Seiten mit zahlreichen Abbildungen, 2007

7. Karl Lehmann, Eduard Lohse, *Paulus, Lehrer der Kirche*, 60 Seiten mit mehreren Abb., 2009

8. Hanna-Barbara Gerl-Falkovitz, Karl Kardinal Lehmann, Marius Reiser, *Im Wandel treu: John Henry Kardinal Newman*, 104 S. mit vielen Abb., 2011

www.bistum-mainz.de/publikationen

Neues Jahrbuch für das Bistum Mainz. Beiträge zur Zeit- und Kulturgeschichte der Diözese

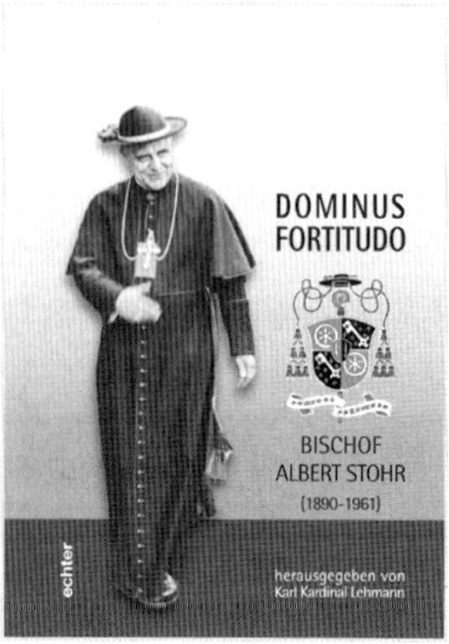

Karl Kardinal Lehmann (Hg.)
Dominus Fortitudo.
Bischof Albert Stohr (1890–1961)
472 Seiten, Würzburg/Mainz 2012
ISBN 978-3-429-03555-6

Helmut Hinkel (Hg.)
Bibliotheca S. Martini Moguntina.
Alte Bücher – Neue Funde
526 Seiten, Würzburg/Mainz 2012
ISBN 978-3-429-03569-3

Regina Heyder/Barbara Nichtweiß (Hg.)
Willigis von Mainz.
Umfeld – Wirkung – Deutung
212 Seiten, Würzburg/Mainz 2014
ISBN 978-3-429-03695-6